艺术设计新视点·新思维·新方法丛书

平面构成
创意与设计

第2版
The Second Edition

李 颖 编著
朱 淳 丛书主编

GRAPHIC INNOVATION AND DESIGN

化学工业出版社
·北京·

丛书编委会名单

丛书主编：朱 淳

编委会成员（按姓氏汉语拼音排序）：陈 敏 陈雯婷 段卫斌 冯 源 黄伟晶 黄雪君 李 颖 刘秉琨 彭 彧 魏志成 闻晓菁 严丽娜 于 群 张 琪 张 毅 周 慧

内容提要

本书以图文结合的方式，对平面构成的形式原理、平面构成的形态(抽象形态和具象形态)、平面构成的构成方式、平面构成的空间以及肌理形式进行了详细阐述，并在相关章节中精心设计了与内容相匹配的设计课题，提供了大量优秀的课题设计范例。这一方面便于学生理解章节内的理论知识，另一方面也方便教师的课堂操作。

本书可以作为各艺术设计院校平面构成课程的教学用书，也可以为广大艺术设计爱好者提供设计参考。

图书在版编目(CIP)数据

平面构成创意与设计/李颖编著. —2版. —北京：
化学工业出版社，2016.7（2020.9重印）
（艺术设计新视点·新思维·新方法丛书/朱淳丛书主编）
ISBN 978-7-122-27180-8

Ⅰ.①平… Ⅱ.①李… Ⅲ.①平面构成（艺术）-教材
Ⅳ.①J061

中国版本图书馆CIP数据核字（2016）第117879号

责任编辑：徐 娟　　　　　　　　　　　　装帧设计：刘丽华
责任校对：宋 夏

出版发行：化学工业出版社（北京市东城区青年湖南街13号　邮政编码100011）
印　　装：北京虎彩文化传播有限公司
889mm×1194mm　1/16　印张10　字数300千字　2020年9月北京第2版第4次印刷

购书咨询：010-64518888　　　　　　　　售后服务：010-64518899
网　　址：http://www.cip.com.cn
凡购买本书，如有缺损质量问题，本社销售中心负责调换。

定　价：58.00元　　　　　　　　　　　　　　　　　　　　版权所有　违者必究

丛书序

在世界范围内，工业革命以后，由技术进步带来设计观念的变化，尤其是功能与审美之间关系的变化，是近代艺术与设计历史上最为重要的变革因素。由此引发了多次与艺术和设计有关的改革运动，也促进了人类对自身创造力的重新审视。从19世纪末的"艺术与手工艺运动"（Arts & Crafts Movement）所倡导的设计改革，直至今日对设计观念的讨论，包括当今信息时代在设计领域中的各种变化，几乎都与技术进步与观念的改变有关。这个领域内的各种变化：从设计对象、设计类型、空间形态、功能定位、材料选择、制造技术，到当今各种信息化的交互界面、设计手段、表达方式等，都是建立在技术进步和观念改变的基础之上。

原本在这一过程中几乎被排斥在外的中国，在上个世纪末，终于以一种前所未有的速度，跨越了西方世界几乎徘徊了一百多年的过程，迅速融合到了这一行列之中。其中一个重要的标志便是在几年之前出现的，这就是在国家对学科门类的调整中，以艺术学由一级学科上升为学科门类，并由此引发一系列的学科调整，其中艺术设计学科由原来的美术学二级学科下属的"专业"调整为与"美术"并列的一级学科。2011年3月教育部颁布的《学位授予和人才培养学科目录》首次将设计学由原来的二级学科目录列为一级学科目录。这种由观念改变到体制改变的过程，反映了社会对设计人才需求的增长。面对这样的改变，关键是我们的设计教育是否能为这样一个庞大的市场提供合格的人才。

时至今日，设计的定义已经不再是仅用"艺术"与"功能"或"技术"的关系即能简单概括了。包括对人的行为、心理的研究；时尚和审美观念的了解；设计对象与类型的改变；对功能与形式新的认识；技术与材料的更新，以及信息化时代不可避免的设计方法与表达手段的更新等，一系列的变化无不在观念和技术上彻底影响着设计的内容和方式。

在设计教育领域，最直接反映这种变化过程的，莫过于教材的更新和内容的拓展。由于历史的原因，中国这样一个大国，曾经在相当长的时期内，设计教育几乎都奉行着一种"统一"的规范，材料的编纂也是按照专业来限定的，虽然从专业的角度上有利于保证教学的专业深度，但同时也在无形中限制了专业之间的融合和拓展。而这种专业界限之间的"模糊"与"融合"正是当今设计领域发展的一个总的趋势。中国经济的高速发展及全球化的进程，已经对中国的设计教育的进步形成了一种"倒逼"的势态，经济大国的地位构成了对设计人材的巨大的市场需求。而设计教学能否跟上日新月异的变化，其中一个重要的原因就是教材的更新与拓展。

本丛书的编纂正是基于这样一个前提之下。与以往的设计专业教材最大的区别在于：以往教材的着眼点大多基于某一专业的限制范围，而忽略各不同专业之间课程的共同性特点；注重对某一特定专业的需求，而忽略了不同专业之间对知识融会贯通的可能性，因而造成应用面狭窄，教材类型单一，教学针对性差的状况。本丛书特别注重设计学科不同专业方向在基础课程教学上的共性特点，同时更兼顾到不同专业方向之间的融合，以及各门课程之间知识的系统性和教学的合理衔接，从而形成开放性的教材体系。在每本书内容的设置上也充分考虑到各专业领域内的最新发展，并兼顾到社会的需求。本丛书开放的系列涵盖不同专业基础教学的课程，并注意提供有特色和创意的新课程，以求打破原来设计教育领域内僵化的专业界限；同时注重于对传统艺术与工艺的重新发掘，为当代设计开启回溯传统经典的门户。

本丛书以课程教学过程为主导，以文字论述该课程的完整内容，同时突出课程的知识重点及专业的系统性，并在编排上辅以大量的示范图例、实际案例、参考图表及最新优秀作品鉴赏等内容。同时在编纂上还注重使受教育者形成了相对完整的知识体系，采用便于自主学习及循序渐进的教学梯度，能够适应大多数高校相关专业的教学需要，还能够满足教学参考资料的需求。同时也期望对众多的从业设计人员、初学者及设计爱好者有启发和参考作用。

本丛书系列的编纂得到了化学工业出版社领导和各位工作人员的倾力相助。希望我们的共同努力能够为中国设计教育铺就坚实的基础，并达到更高的专业水准。

设计，是造物的灵魂；亦是文明的物化。在中国文化伴随着中国经济而再次成为世界文化贡献者的进程中，如何构建起既符合现代生活需求，亦契合以人为本人文思想的设计教育体系，是设计专业的责任，也是时代的课题。

朱 淳

2016年5月

前言

平面构成自引入中国以来，一直被列为中、高等艺术院校艺术设计专业重要的设计基础课程。它的引入为我国的艺术设计教育注入了新的内容，丰富了我国基础教育的教学体系。它科学有效的训练方法，为学生奠定了扎实的设计基础，尤其对"形式"的训练是非常有效的。然而，对于现代设计来说，仅仅拥有设计的形式显然是不够的，本书在着重讲述构成形式和规律的同时，对平面构成中抽象形态和具象形态的造型方法，以及在设计中用于丰富画面的肌理都进行了全面的讲解。在抽象形态的研究中，联系了中国传统彩陶图案进行进一步讲解。

本书沿袭第一版的编撰结构，按照理论阐述结合课题设计的形式进行。在理论阐述中以图文结合的方式，对平面构成的形式原理、平面构成的造型形态（抽象形态和具象形态）、平面构成的构成方式、平面构成的构成空间以及肌理设计进行讲解。为便于教学的使用，在相应的章节里安排了与内容相匹配的设计课题。课题的设计既有纯形式的训练，也有联系生活，从生活中寻找创意的训练。对每一个训练课题都围绕课题目标、课题要求等方面进行详尽的解读，以便于学生理解和操作。为开阔设计视野，拓宽创作思路，在每一个设计课题后面都附上了丰富的课题示范图例，这些示范图例均来自于苏州大学艺术学院染织艺术设计专业近年来的学生课堂习作。

作为第二版，本书结合当下的艺术设计实践和艺术设计教学，在平面构成的形态章节中，加入了彩陶图案中几何化形态的内容，把平面构成和中国传统图案联系起来，引导学生学习优秀传统艺术的构成形式和法则，古为今用。在课题的设置上，在保留原有课题的基础上，增加了来自生活中的创意等新课题，让平面构成更加贴近生活，融入生活，培养学生拥有善于发现的眼睛，从生活中寻找创作素材。

感谢苏州大学艺术学院染织艺术设计专业学生提供的设计作品！

由于个人能力有限，书中难免存在疏漏和不妥之处，恳请广大读者批评指正！

李颖

2016年1月于苏州

第一版前言

平面构成自引入中国30多年来，一直被列为艺术设计专业的重要设计基础课程之一，丰富了我国的设计基础教育教学体系，其科学有效的训练方法，为学生奠定了坚实的基础，尤其是对"形式"的训练，实践证明是非常有效的。平面构成的核心内容是构成的法则和规律，但是，一旦法则和规律成为"模式"后，其弊端就显现出来了，如何扬长避短，需要广大艺术设计教育者在教学中探索。

本书以图文结合的方式，对平面构成的形式原理、平面构成的基本元素、平面构成中的形态（抽象形态和具象形态）、平面构成的组织方式、平面构成中的空间以及肌理形式进行了详细阐述，并在章节后安排了与章节内容相匹配的设计课题和课题示范，这一方面便于学生理解本章节的理论知识；另一方面也方便教师的课堂操作。

本书的编写得到了苏州大学相关领导和老师的支持与帮助。书中课题示范的图片均来自于苏州大学艺术学院染织艺术设计专业近两年来学生的课堂习作，在此一并表示感谢。

由于编写时间有限，书中难免存在疏漏和不妥之处，恳请广大读者批评指正！

李颖

2012年6月于苏州

目录
contents

第1章 绪论 — 001
    1.1 构成的概念及构成教育的发展 — 001
    1.2 平面构成的概念及学习目的 — 001

第2章 平面构成中的形式 — 003
    2.1 设计形式概述 — 003
    2.2 平面构成的形式规律 — 004

第3章 平面构成中的形态 — 013
    3.1 平面构成中的抽象形态 — 013
    3.2 平面构成中的具象形态 — 019
    3.3 彩陶图案中的几何化形态 — 023

本章设计课题 — 027
课题1：点的构成 — 027
课题训练1：点的网格构成 — 027
课题训练2：点的动感构成 — 030
课题训练3：点的形态构成 — 033

课题2：线的构成 — 036
课题训练1：几何形线的自由构成 — 036
课题训练2：线的装饰表现构成 — 039

课题3：点、线、面的综合构成 — 050

课题4：以彩陶纹样为母题的点、线、面装饰构成 — 054

课题5：来自生活的创意构成 — 057

第4章 平面构成中的构成方式 — 065
    4.1 构成概述 — 065
    4.2 构成方式 — 067

本章设计课题 — 074

课题1：骨骼构成	074
课题训练1：变化骨骼构成	074
课题训练2：重复构成	076
课题训练3：近似构成	080
课题训练4：渐变构成	084
课题训练5：特异构成	088
课题训练6：发射构成	091

课题2：自由构成　　　　　　　　　　094
课题训练1：对比构成　　　　　　　　094
课题训练2：形变构成　　　　　　　　097
课题训练3：结集构成　　　　　　　　106

第5章 平面构成中的空间　　　　　109
5.1 传统的平面构成空间　　　　　　　109
5.2 正负空间　　　　　　　　　　　　110
5.3 不可能空间　　　　　　　　　　　112

本章设计课题　　　　　　　　　　114
课题1：抽象空间构成　　　　　　　　114
课题训练1：几何形的增值空间构成　　114
课题训练2：几何形的二等形空间分割构成　118
课题训练3：几何形的多等形空间分割构成　122
课题训练4：几何形的不等形空间分割构成　129

课题2：具象空间构成　　　　　　　　135
课题训练：具象形态分割构成　　　　　135

第6章 平面构成中的肌理　　　　　139
6.1 肌理概述　　　　　　　　　　　　139
6.2 肌理的表现技法　　　　　　　　　139

本章设计课题　　　　　　　　　　146
课题训练：肌理构成　　　　　　　　　146

参考文献　　　　　　　　　　　　152

第 1 章　绪论

1.1　构成的概念及构成教育的发展

构成的概念

构成是一种造型概念,在《现代汉语词典》中"构成"解释为"形成"和"造成",包括自然的创造和人为的创造两个方面。在现代艺术设计领域,构成可以理解为对视觉造型要素的提炼和配置。它打破了传统美术具象写实描绘的常规手法,以抽象简练的几何形态为造型要素,并将其按照美的原则,组织成高秩序化的形态的表现方式。

构成教育的发展

构成的观念产生于第一次世界大战期间,在当时的艺术设计领域,出现了主张以抽象形式代替传统写实风格的美学观念。这种观念经过俄国构成主义,荷兰新造型主义、风格派以及德国包豪斯设计学院的不断完善,最终发展成了一个新的造型原则。这个造型原则强调造型的美不是产品的外部装饰就能涵盖的,而更强调功能产生的形态美;主张摒弃一切不必要的装饰,艺术作品应该尽量几何化,认为秩序和单纯是最富有意义的视觉造型。

包豪斯设计学院虽然只有短短的十四年时间,但它的影响却是极为深远的。第二次世界大战后日本吸取了包豪斯的设计思想,把构成教育课程归类为三个模块,即平面构成、立体构成和色彩构成。20世纪80年代初期,我国内地经由香港地区引入了日本的构成教育体系,使之成为艺术设计专业教学体系中必修的设计基础课程,以及雕塑、建筑等专业教学体系中的选修课程。

1.2　平面构成的概念及学习目的

平面构成的概念

平面构成作为视觉艺术,主要研究点、线、面、肌理等造型元素,在二次元的平面上,按照一定的设计目的和美的形式规律,进行编排和组合的造型活动。它从抽象造型入手,以理性和逻辑推理来进行构图、造型和表现,是理性和感性的双重产物。

平面构成的学习目的

(1) 提高对形式美的感知能力

平面构成是以简洁抽象的几何形态来进行构形的设计活动,它避免了学生在具象形态的造型中,对形态造型上的重视,而把注意力引到构成形式上来。平面构成自引入我国30多年来,随着社会的发展和人们审美情趣的变化,确实存在着有待改善的地方,但是作为纯形式的训练,无疑是非常有效的。

(2) 学习纯理性的创形、造型能力

平面构成的创形方法颠覆了"生活是艺术创作唯一源泉"的创作规律。用理性的思维方式,按照分解组合的造型规律,可以创造出有着良好视觉感受的新图形。

(3) 学习形态的编排和组织形式

在平面构成中,一个看似普通的形态,在经过一定的组合后,会呈现出完全不一样的视觉面貌。这里有结构形式本身的秩序美、节奏美和韵律美,还有组合之后产生的形态上的变化以及负形参与造型的视觉作用。

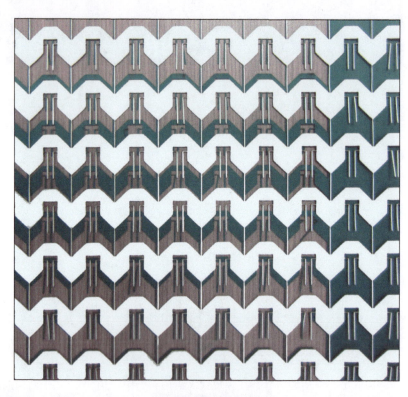

图1-1(a)、(b) 构成

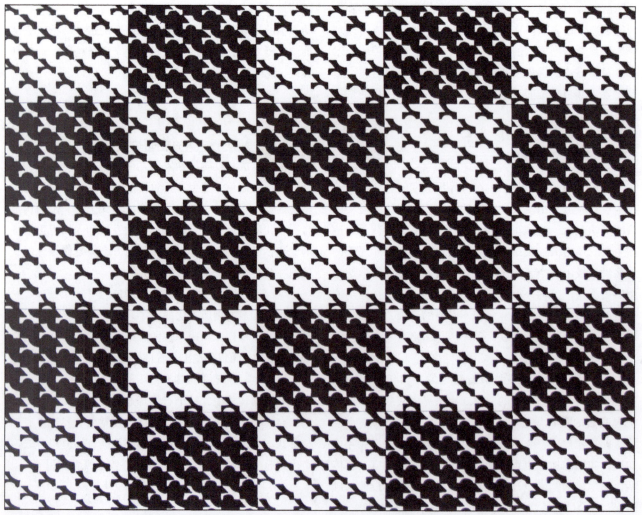

第 2 章 平面构成中的形式

2.1 设计形式概述

平面构成中设计形式的重要性

平面构成作为视觉艺术，其最终的设计作品是需要用物化的形式展现出来，让观众能够直观地看到或者触摸到。于是，为满足设计的主题、功能、目的、适用范围等方面的内容，而采用的造型、结构、材料、色彩等表现手段就是设计的形式。依据艺术设计是为有用性而设计的原则，设计形式必须围绕设计内容而展开，有效地反映设计内容，传递设计内容。2012年龙年的生肖邮票（图2-1）当属设计形式服务于设计内容的典范。作者用充满张力的、霸气的龙的形象，展示了当代的中国精神。

毋庸置疑，设计形式服务于设计内容，也受制于设计内容，但是设计形式也不是完全消极被动的。这主要表现在两个方面。一方面是设计形式对设计内容的推动作用。在艺术设计中，设计形式总是先于设计内容而被感知，我们总是先看到设计作品或产品的色彩、样式、纹样、材料，设计内容往往是在这些直观的表现形式之后才被感知的。并且通常的情况是，我们只有先接受了设计的形式，才有进一步了解设计内容的欲望。也就是说，设计内容能否能够得到有效传达，取决于设计形式是否能够先被接受。另一方面是设计形式有着独立于设计内容之外的审美价值。诗人歌德曾说：虽然不坏但是并无价值的作品，现在可能还有，它没有价值，因其空洞无物，而它们不坏，则是因为作者还记住那良好技巧的一般形式。这种"空洞无物"，指的是在内容上并无新的创意和见解，而良好的"一般形式"，就是指表现形式上的因素。这种本无价值却因其有着良好的形式，而依旧能够存在的客观事实，说明了设计形式的独立审美作用。

在平面构成中，设计形式的视觉表现则显得更为重要，一幅寓意并不深刻的图形，如果有着良好的视觉效果，也同样会被接受。尤其是纯几何形的抽象构成，完全是通过点、线、面等抽象载体来表现优美的形式，以纯形式和色彩来表达主观情绪和感受，显示了设计形式的独立审美价值。即使是在一些具象形态的构成中，也会因其恰当的构图、准确的造型、完美的表现、合适的材料等形式因素，使其具有独立的审美价值。

和谐是平面构成的最高形式原则

"和谐"不等同于"调和"。调和强调的是"协调一致"，它弱化对比的因素。而"和谐"强调的是"不协调东西的协调一致"（毕达哥拉斯学派），是"对立面的统一"（赫拉克利特）等。

从"不协调东西的协调一致"和"对立面的统一"这个观点上来看，"不协调的东西"、"对立面"意味着"变化"，而"协调一致"则表示"统一"。这也就是说，和谐是包含"变化"和"统一"两个对立的因素的。变化求异，强调个性；统一求同，强调共性。在平面构成中，若只是一味地强调变化，弱化统一，则杂乱；若过于强调统一，忽视变化，则沉闷。那么，在设计中如何使这两个对立的因素能够相辅相成、共致和谐，那就要遵循在"变化中求统一，在统一中求变化"的形式原则。

在平面构成中，变化是指将性质相异的构成要素组合在一起，形成显著对比的感觉。在保证画面和谐的前提下，充分利用各构成要素之间的相异之处，让设计作品形成丰富多彩的视觉效果。

图2-1 2012龙年邮票（陈绍华）

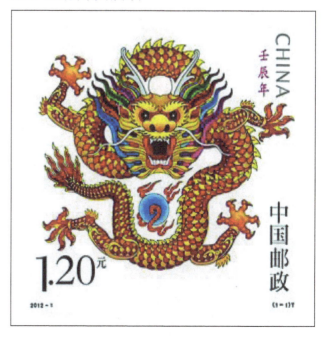

图2-2(a) 绝对对称示意，天津市徽方案

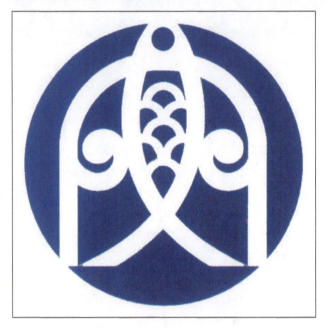

图2-2(b) 绝对对称示意，世界传播锦标赛标志（卡里·碧波）

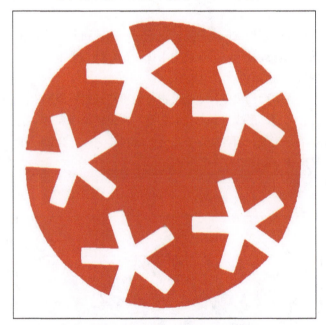

在平面构成中，统一是指将性质相同或相近的构成要素组合在一起，形成一致趋势的感觉。这个统一一方面包括构成元素自身在形状、色彩上的相近性；另一方面也包括各个构成元素在组织结构上的秩序性和条理性。

2.2 平面构成的形式规律

对称与均衡

在平面构成中，对称讲究的是"形"的一致，而均衡则是强调"量"的平衡。

（1）对称

①对称的概念。对称，又叫"均齐"。来源于希腊语中的symmetros，具有计量的意思。

在艺术设计中，对称分为"绝对对称"和"相对对称"两种组织形式。

绝对对称指在一条中轴线或一个中心点的左右、上下[图2-2（a）]或四周[图2-2（b）]，配置相同的（同形、同色、同量）装饰元素所构成的组织形式。

相对对称指在一条中轴线或一个中心点的左右、上下或四周，配置形、色大致相同，并在"量感"上趋于一致的装饰元素，这是一种等量而不等形的对称组织形式，如图2-3所示。

图2-3 相对对称示意，世界乒乓球锦标赛标志（张大鲁）

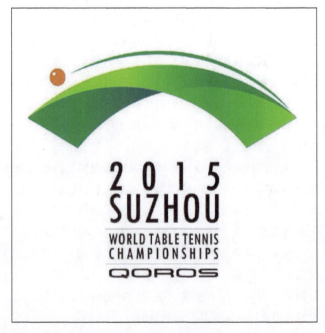

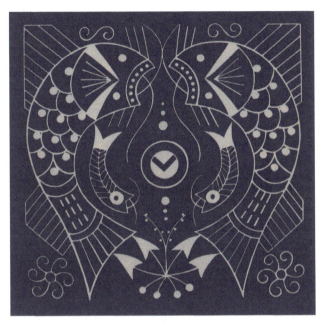

图2-4 镜面对称示意，蜡染图案（丹寨）

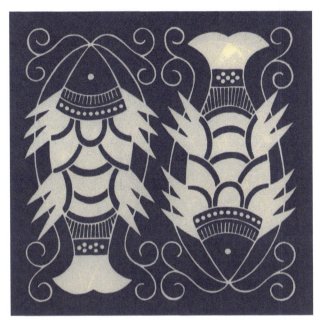

图2-5 逆对称示意，蜡染图案（丹寨）

②对称的构成形式。从组织结构上，可以将对称分为镜面对称、逆对称、旋转对称、平移对称、扩大或缩小对称五种形式。

a.镜面对称。镜面对称是一种轴对称形式，包含上下对称和左右对称两种构成方式，如图2-4所示。这种对称形式是以一条中轴线为对称轴，以中轴线为界，用一面镜子照过去，实物与镜子中的影像完全相同，二者形成镜面对称形式。

b.逆对称。逆对称是点对称形式。是将单位纹样以一个点为圆心，旋转180°所形成的对称形式，如图2-5所示。

c.旋转对称。旋转对称也是点对称形式。是将单位纹样以一个点为圆心，以向内集中或向外发射的形式，旋转任意相同角度（除了180°），反复排列所形成的对称形式，如图2-6所示。

d.平移对称。平移对称是将一个单位图形以一定的距离移动复制，复制后的图形与原图形之间形成的构成形式，如图2-7所示。

e.扩大或缩小对称。扩大或缩小对称是将单位图形以一定的距离移动复制后，将复制的图形作扩大或缩小的变化，变化后的图形与原图形之间形成扩大或缩小的构成形式。

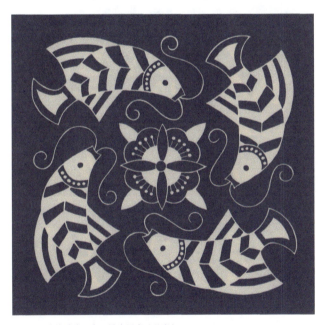

图2-6 旋转对称示意，蜡染图案（丹寨）

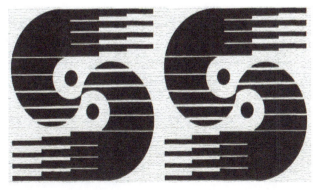

图2-7 平移对称

图2-8 "金字塔"式均衡构成形式

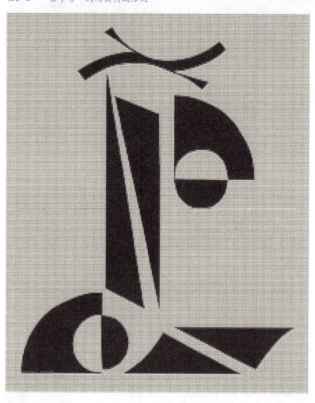

(2) 均衡

①均衡的概念。均衡是力学上的平衡状态，在平面构成中表现为图形左右两边虽然在形、色、量上均不相同，但两边的量在视觉感受上又能趋于平衡、稳定的构成形式。

②均衡的构成形式。在平面构成中，均衡的造型形式有很多，从构成形式上可以分为"金字塔"式、水平垂直线式和"S"形结构线式三种。

a. "金字塔"式。"金字塔"式均衡构成形式接近于绘画中著名的三角形构图，由于这种形式加大了受力面积，使支点得到强化，由此给人以稳定的视觉效果，如图2-8所示。

b. 水平垂直线式。水平垂直线式的均衡构成形式是最稳定的均衡结构。在平面构成中，有意识地或显或隐的利用水平垂直线，可以起到稳定动势的作用，如图2-9所示。

c. "S"形结构线式。"S"形结构线式的均衡形式是最具动感的构成形式。从中国的"太极图"、印度佛像的"三道弯"造型到人体脊柱的"S"形结构，都体现出了这种动感平衡。图2-10所示的折枝花卉就是这种构成形式。

图2-9 水平垂直线式均衡构成形式

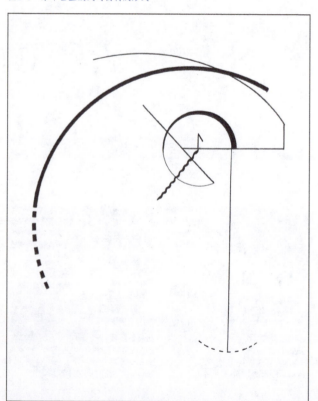

图2-10 "S"形结构线式均衡构成形式

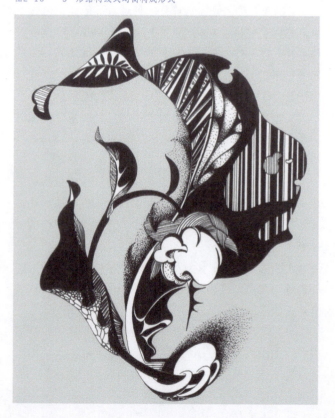

条理与反复

条理与反复是平面构成重要的形式法则，恰当地运用这一法则能使设计作品显示出整齐、秩序、规律、和谐的形式美感。

（1）条理

在平面构成中，条理是指将随意无序的构成要素，按照一定的规律组织成高秩序化的构成形式。

条理可以理解为"有序"，不同的构成元素在画面中有条不紊地组织构成。在平面构成设计中，可以从造型、结构、色彩等方面进行条理化处理。图2-11所示的蝴蝶就反映了这种构成形式。

（2）反复

在平面构成中，反复也称重复，即以相同或相似的构成元素，进行周而复始、循环往复的重复构成形式。

反复是条理的一种特殊形式——重复的条理。这种有规律的反复，能使构成作品产生一定的节奏美。

在平面构成中，反复的构成形式可以分为单纯反复和变化反复两种。

单纯反复是将单位元素按照一定的构成结构形式，始终不变的绝对的重复构成形式。图2-12是呈单纯反复状态的几何图案。

变化反复是将单位元素按照一定的构成结构形式，在反复重复的过程中，有目的地在单位元素的大小、位置、方向、色彩等方面，进行一定变化的反复构成。图2-13是呈变化反复的具象图案。

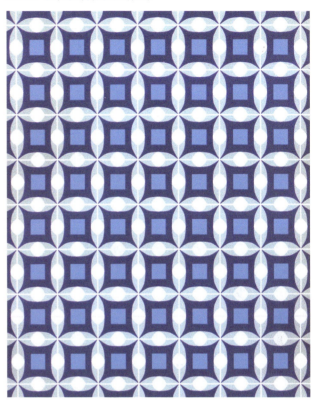

图2-12 呈单纯反复状态的几何图案

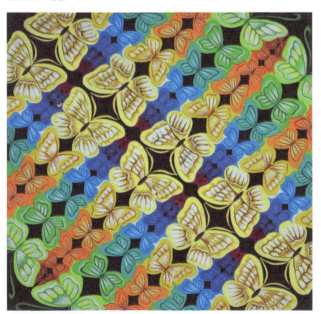

图2-11 蝴蝶

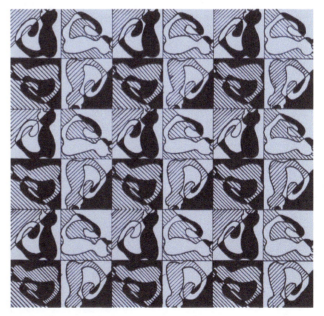

图2-13 呈单纯反复状态的具象图案

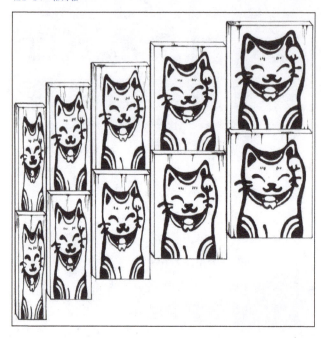

图2-14 招财猫

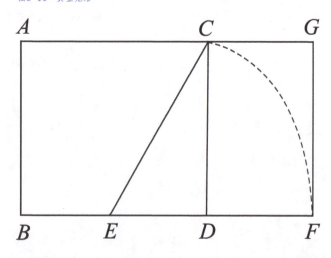

图2-15 黄金矩形

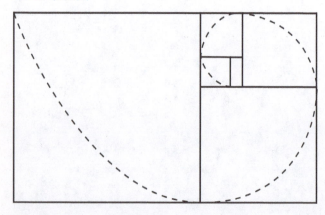

图2-16 黄金涡线

比例与尺度

（1）比例

在平面构成中，比例是指构成元素的各个组成部分之间，在面积大小、线条长短、宽窄等方面的对比关系。图2-14是单位纹样在宽度上依据一定的比例关系逐渐挤压，呈现出渐次缩窄的趋势。

在平面构成中，比例是有量化标准的，单纯凭感觉决定的尺寸，即使很优美，也不一定成比例。究竟什么样的比例是美的比例，很难有统一的定论，相比较而言，渐变数字比例和无公约数比例在实践中证明是可以给人以美感享受的。

①渐变数字比例。渐变数字比例是指构成元素中的各个线段的长度以及面的分割，都与一个基本数字有关，呈有规律的逐渐变化的趋势。

在平面构成中，渐变数字比例包括等差数列、等比数列、调和数列、费波纳奇数列、贝尔数列五种。

等差数列的形式为：a、$a+r$、$a+2r$、…、$a+(n-1)r$。

等比数列的形式为：1、a、$a2$、…、$an-1$。

调和数列的形式为：1、$1/2$、$1/3$、$1/4$、…、$1/n$。

费波纳奇数列的形式为：1、1、2、3、5、8、…、p、q、$(p+q)$，即每一项是前面两项之和。

贝尔数列的形式为：0、1、2、5、12、29、70、…，即每一项是前一项的两倍再加上更前一项的总和。

②无公约数比例。无公约数比例必须用几何作图的方法才能取得。其中著名的有黄金比、平方根矩形和系列正方形三种比例。

a.黄金比。古希腊科学家用几何学方法发现的黄金比例，被认为是最美的比例形式。这种比例的关系就是：将一条线段分为大、小两个部分，使整条线段与较长部分之比，等于较长部分与较短部分之比，它的比值为1.618。

由黄金比可以派生出黄金矩形，黄金矩形是指矩形的短边（a）和长边（b）的比例为

$$a:b=b:(a+b)$$

黄金矩形的作图方法如下。如图2-15所示，取已知正方形ABCD的一边BD的中点E，以E点为圆心，EC为半径画弧，与BD延长线相交于点F，F点便为黄金矩形长边上的端点，连接ABFG。

由黄金矩形又可以派生出黄金涡线，如图2-16所示。在黄金矩形中，如果去掉一个以短边为边长的正方形时，剩下的矩形又是一个倒边的黄金矩形，以这样的

规律，在黄金矩形中一直作下去，直到最小的黄金矩形，再以每一个正方形的一个角为圆心，以正方形的边长为半径画弧，将每一端弧线连接起来即成黄金涡线。

b. 平方根矩形。平方根矩形的用途比较广泛，其中比较重要的有矩形、矩形、矩形。矩形以它的长边对折后，将会得到两个小的矩形，由于它保持了与原矩形相同的比例，因此，在一些对折使用的书籍、报纸、笔记本中，经常会用到这个比例；矩形是由两个正方形组成；矩形则包含了一个正方形和两个倒边的黄金矩形。

平方根矩形的作图方法如下。如图2-17所示，取已知正方形ABCD的对角线BD，以B为圆心，BD为半径画弧，与BC的延长线相交于点E，E点便为矩形长边上的端点，连接ABEF即为矩形。再取矩形的对角线BF，以B为圆心，BF为半径画弧，与BE的延长线相交于点G，G点便为矩形长边上的端点，连接ABGH即为矩形。接着取矩形的对角线BH，以B为圆心，BH为半径画弧，与BG的延长线相交于点M，M点便为矩形长边上的端点，连接ABMI即为矩形。以此类推可得矩形，矩形等。

c. 系列正方形。系列正方形的作图方法如下。如图2-18所示，取已知正方形ABCD的对角线的交点O，以O为圆心，作正方形ABCD的内接圆，与正方形的对角线AC，BD相交于点E、F、G、H，连接正方形EFGH。再以O为圆心，作正方形EFGH的内接圆，与正方形的对角线AC、BD相交于点I、J、K、L，连接正方形IJKL。以此类推，可得面积逐次缩小1/2的正方形系列。

（2）尺度

在平面构成中，尺度是指整体与局部、整体与人的关系恰当。如果说比例决定了设计作品的美与丑，那么尺度就决定了设计作品的恰当性。比如，茶杯和杯盖的口径是否吻合；桌子、椅子的高度是否适合特定的人群等，这些都体现了尺度实用性、科学性、严谨性的一面。另外，形式感对尺度也有一定的影响，这方面的影响不像它在实用性方面，有严格、精确的科学数据，而往往取决于人对"尺度的感觉和经验"。

图2-17 平方根矩形

图2-18 系列正方形

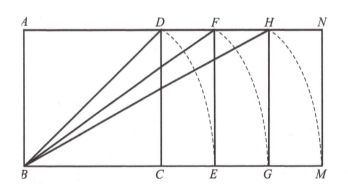

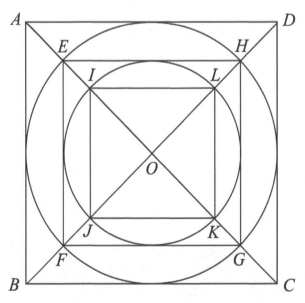

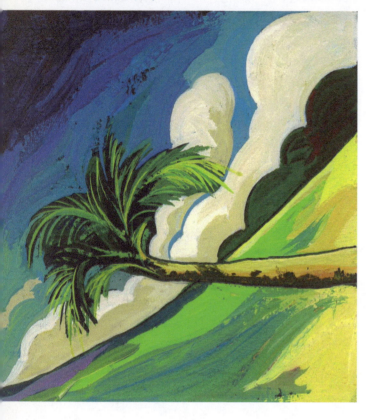

图2-19 倾斜产生的动感

静止与运动

在平面构成中，二维的纸面上附着的图形一定是静止的，它不像三维空间中的形态会真正的动起来。但是在二维的空间中，依靠一定的构成方式却可以制造出运动的感觉来，这种动感的幻觉极大地拓宽了平面构成的设计空间。

（1）静止

在平面构成中，静止体现了构成中各种力的平衡，以及造型元素单纯的水平与垂直。另外，色彩的合理设置也能营造出静止的氛围。

（2）运动

在平面构成中，运动是指构成元素在特定的组合、表现方式下，在人的视觉和心理上形成的动态的幻觉和感觉。它并不是真正意义上的运动，确切地说只是一种运动感。在平面构成中能够产生运动感觉的表达方式有：方向上的倾斜、位置上的渐次变化、动作的进行轨迹、模糊、旋转、错位等。

①方向上的倾斜。水平和垂直的方向给人静止的感觉，而处在不稳定中的倾斜则给人动的印象，从而制造出运动的感觉，如图2-19所示。

②位置上的渐次变化。在平面构成中，造型元素在位置上有意识地渐次推移，在画面中形成运动的轨迹，这种运动的轨迹让人产生运动的感觉，如图2-20所示。

③动作的进行轨迹。将动作从开始到结束的过程，分解出若干个步骤，并将其安排在一幅画面中，从而产生运动过程的动感，如图2-21所示。

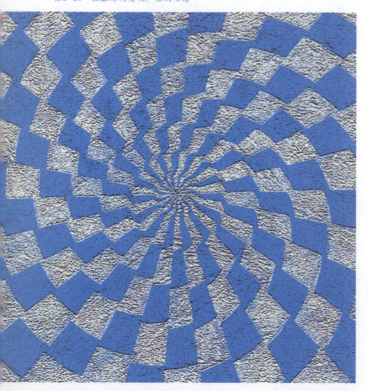

图2-20 位置渐次变化产生的动感

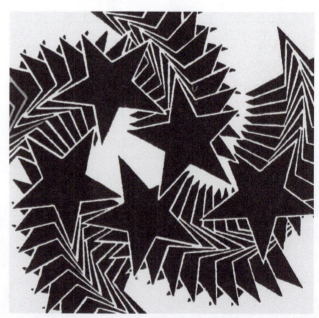

图2-21 运动轨迹产生的动感，问候卡（香港）

④模糊。模糊是由物体的运动速度与视觉的观察速度之间的时间差产生的。比如在快速行驶的列车上观看两旁的物体，列车的速度越快，两旁的物体就越模糊。这种模糊的表现方式，在平面构成中能够让人产生快速运动的速度感。图2-22表现了模糊产生的运动感。

⑤旋转。在平面构成中，旋转分为360°的旋转和涡线形的旋转两种方式，不论哪种方式，都具有很强的动感特征。图2-23表现了旋转产生的运动感。

⑥错位。在平面构成中，打破视觉上的常规印象，突然改变构成元素的位置和方向，通常能够让人产生运动的感觉。图2-24表现了错位产生的运动感。

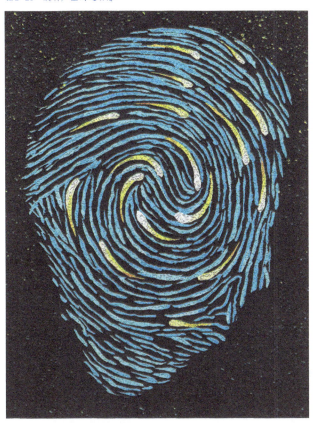

图2-23 旋转产生的运动感

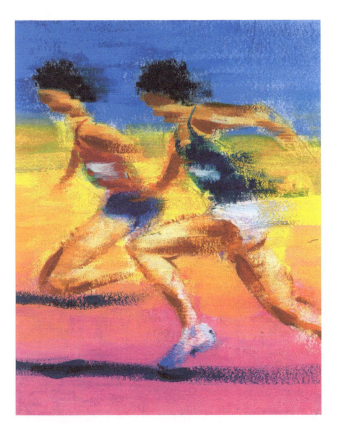

图2-22 模糊产生的运动感

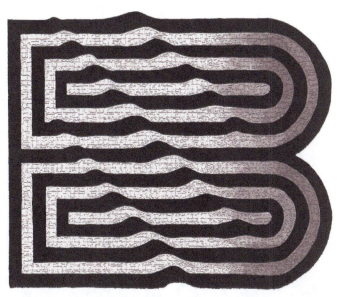

图2-24 错位产生的运动感

图2-25 重复产生的节奏

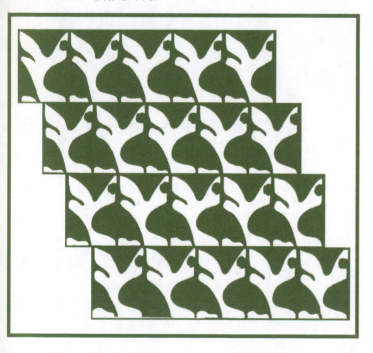

图2-26 人与鹰

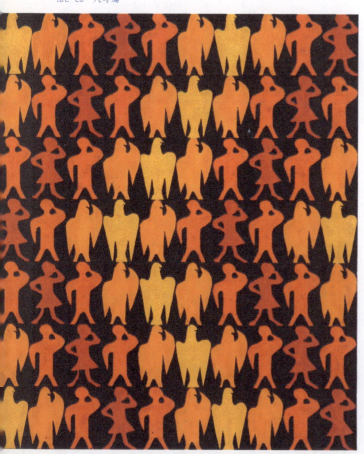

节奏与韵律

（1）节奏

节奏本是指音乐中音乐节拍轻重缓急的变化和重复。平面构成中，节奏是指单位元素在有规律地反复和连续展现后，形成的一种律动形式。节奏的产生是建立在单位构成元素在重复基础上，产生的空间连续规律的分段运动。

在平面构成中，节奏可以分为重复节奏和渐变节奏两类。

重复节奏是将单位构成元素按照一定的构成格式，不做任何变化的反复排列，如图2-25所示。

渐变节奏是指单位构成元素在重复排列的过程中，不是简单机械地重复，而是包含了更多逐渐变化的因素。比如，形状上的渐大渐小、渐长渐短；位置上的渐高渐低、渐前渐后；色彩上的渐明渐暗、渐冷渐暖等，每一个重复单位都包含了一个逐渐变化的过程。图2-26所示的人与鹰就体现了这种渐变的节奏。

（2）韵律

韵律原本是指诗歌、音乐中的音韵和格律，音韵是相近相似的组合，格律是长短高低的抑扬变化。当相近相似的重复与抑扬顿挫的变化相结合时，便产生了韵律。

在平面构成中，韵律是在节奏的基础上，形成的一种富于情感起伏的律动。它往往呈现出灵活的流动美，使画面更有情调，增强作品的艺术感染力和设计表现力。图2-27就是富有韵律的构成。

图2-27 古韵今风

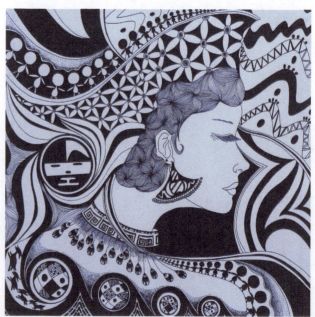

第 3 章 平面构成中的形态

3.1 平面构成中的抽象形态

在平面构成中，抽象形态的界定通常要满足两个条件：一是几何化的形态造型；二是形态的不可指认性。因此，将几何化造型的形态都归类为抽象形态的做法是不准确的。

在几何形造型的形态中，根据其形态的指认性，可以将形态分为抽象艺术和艺术抽象两种表现形式。

抽象艺术是指纯粹以点、线、面等几何形态作为造型手段来进行造型，侧重于对创作者主观情绪的表达，而不去具体表现主题情节，拥有的仅仅是形式，如图3-1所示。

艺术抽象是指用抽象的表现手法（如几何化的造型等），来表现具象的事物。图3-2所示的图，在造型上虽然是几何化的，但是，它是以具象的动物、植物为表现对象，并且在内容上也是可以指认的，是具象的，因此它是几何化的具象形态。

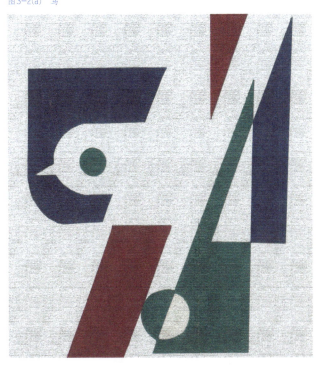

图3-2(a) 鸟

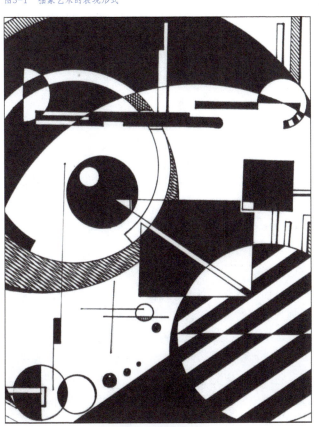

图3-1 抽象艺术的表现形式

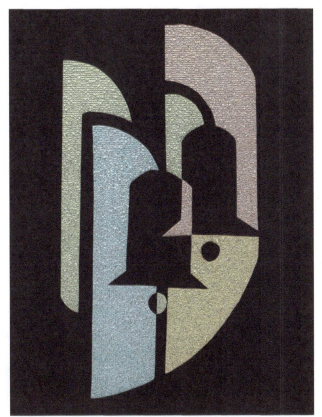

图3-2(b) 倒挂金钟

图3-3 构成中的虚点

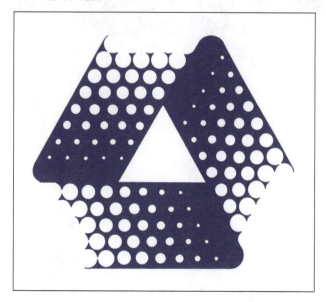

图3-4(a)、(b) 点的对比

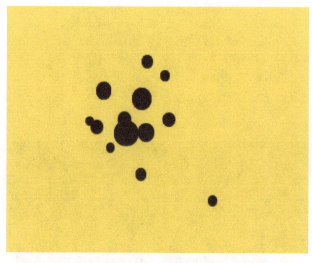

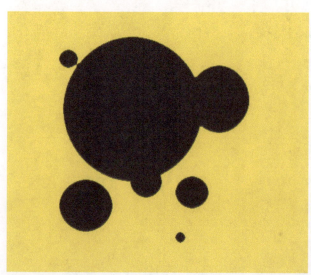

抽象形态的构成元素

点、线、面是平面构成中抽象形态的基本造型元素，它虽然不具有任何具象造型元素的确切含义，但是可以通过不同的构成形式和造型式样来达到视觉上的审美需求。

（1）点

在平面构成中，点不仅仅具有几何学上位置的概念，更是重要的造型元素。利用点在大小、位置、形态、厚度（浮雕的点）等方面的差异，就可以在二维的平面上进行丰富的造型。在平面构成中，以"虚形"和"实形"为分类标准，可以将点分为"实点"和"虚点"。如果我们把"实点"当作"正形"，称为"图"的话，那么，"虚点"就为"负形"，称为"地"。在设计中，虽然通常是从"实点"开始入手，但是也绝不能忽略"虚点"的重要造型作用。图3-3中的虚点就显示出很强的装饰造型作用。

在平面构成中，点的概念是相对的，是与周围环境相比较而言的。同样大小的一个点，会因其周围环境的改变，或具有点的感觉，或具有面的印象，如图3-4所示。

从点的形状上来说，圆点是最具有点的特征的。其它形状的点，或是中空的点，给人点的感觉相对较弱。

在平面构成中，点还具有吸引视线的特质。在画面中，一个点能够产生稳定感，因为视线只停留在这一个点上。当有两个点时（尤其是大小、形状都相同的点），由于它们都同样地吸引视线，所以，视线在它们之间来回移动，就产生了线的感觉。当有三个以上多个点时，视线在来回跑动的过程中，就产生了面的感觉。

（2）线

当点沿着一定的轨迹进行移动时，就产生了线。不同方向的移动轨迹会形成不同的线形，比如，保持一种移动方向不变时，就会形成直线；在移动方向不变的情况下，突然做了改变，就会形成折线；连续的改变运动方向，就会形成曲线。

在平面构成中，线不仅是重要的造型要素，不同形态的线还会传递出不同的心理感受。比如，粗线给人厚重、朴拙的感觉；细线给人轻盈、灵动的感觉；直线给人理性、硬朗的感觉；曲线给人感性、柔美的感觉；斜线因其自身不安定的速度感，而给人以较强的运动感觉等。

在平面构成中，依据近大远小、近实远虚的透视原理，将线以一定方式进行排列，可以在二维的平面上制造出三维空间的感觉。比如，利用线的粗细不同，就可以产生远近关系,粗线给人前进感,细线给人后退感;在线的粗细、长度相同的情况下,颜色重的线感觉靠前,颜色浅的线感觉靠后;在线的粗细、长度、明暗都相同的情况下,间隔密集的线感觉后退,间隔宽松的线感觉靠前。图3-5就是利用线之间的关系特性,设计的具有三维空间感觉的平面构成作品。

（3）面

在平面构成中,面的产生通常来自点的扩大、线的加宽以及线的移动轨迹。

不同线形的不同移动轨迹,会形成不同的面,比如,直线的平行规则移动可以形成正方形、长方形的面[图3-6（a）、（b）];向侧上方平行规则移动,可以形成平行四边形的面[图3-6（c）];以线段的一个端点为圆心,旋转移动360°,可以形成圆形的面[图3-6（d）];以线段的一个端点为圆心,进行小于180°的旋转移动,可以形成扇形的面[图3-6（e）]。而曲线的移动轨迹就会形成更加丰富多彩的曲面造型了[图3-6（f）]。

在平面构成中,从形态上可以将面分为自然形的面、人工形的面、几何形的面、偶然形的面、不规则形的面五种。

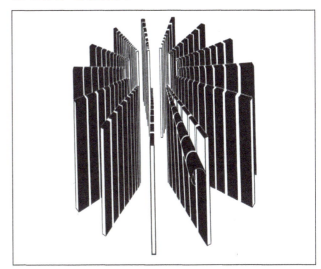

图3-5(a)、(b) 线的空间构成

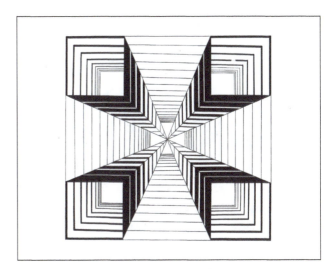

图3-6 线的面化

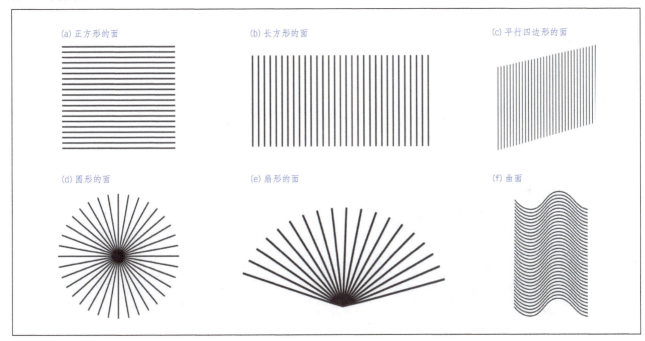

自然形的面是指将自然界中存在的物体，用几何化的面的形式表现出来的一种形态。

人工形的面是指将生活中存在的人造物体，以面的形式表现出来的一种形态。

几何形的面是指用直尺、圆规等制图工具绘制的，具有简洁、数理、秩序感的面形。

偶然形的面是指面的产生具有一定的偶然性，创作者在创作的过程中，不能控制其结果的一种形态，比如水泼、点洒形成的面等。

不规则形的面是指创作者为表现一定的主题，有意识地利用相应的表现手段，创造出的不规则形态，比如手撕的面、刀刻的面等。它与偶然形的面的区别在于：前者是有意识的，可以控制结果的；后者是无意识的，不能控制结果的。

在所有的面中，轮廓线封闭的形态，面的感觉最强，反之，感觉较弱；实的面给人的量感强，虚的面给人的量感弱。

抽象形态的造型方法

由于在抽象形态的造型中，是没有客观形态的造型依据的，因此它不以造型的像与不像作为评判标准，而侧重于表现构成形式上的美感。

在平面构成中，分割、组合和形变是创造新的形态的基本方法。

（1）分割造型法

在平面构成中，分割是从整体到个体的造型方式。当一个完整的图形被有意识地分割为两个或两个以上的个体时，新的图形就产生了。

这种分割方式分为等形分割和不等形分割两类。

等形分割即分割后产生的新形在形态上是完全相同的，如图3-7所示。太极图形是这种分割形式的典型代表。

不等形分割即分割后产生的新形在形态上是相异的。这种分割形式分为规律性不等形分割和自由性不等形分割两种。

规律性的不等形分割是以渐变形式为代表，分割后的新形虽然在造型上不完全一致，但是它们之间呈现出明显的渐变特征。

自由性的不等形分割是在分割过程中，不受任何规律的限制，完全按照设计者的主观意愿进行自由分割造型。

图3-7(a)、(b) 二等形分割

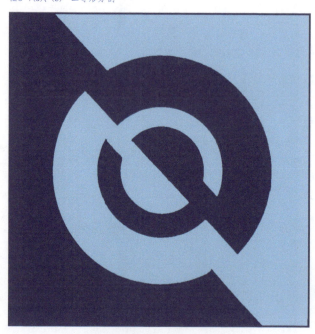

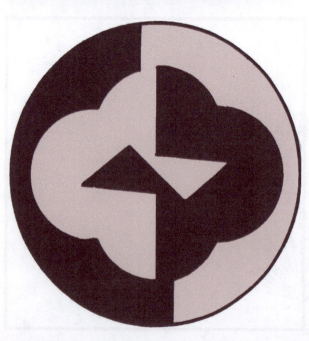

（2）组合造型法

在平面构成中，如果说分割是"化整为零"的造型方式，那么组合就是"化零为整"的造型方式了。组合造型法是将零散的、不相干的造型元素，按照一定的构成方式组织起来，构成一个有机的整体的造型形式。

在平面构成中，组合造型方法分为等形组合法和不等形组合法两类。

等形组合法是将相同的几何形态，按照设计者的主观意愿和美的构成原则组合起来，形成一种拥有美感特征的新式样的造型方法，如图3-8所示。

不等形组合法是将不同造型的几何形态组合起来，形成一种美的新式样的造型方法，如图3-9所示。

在平面构成中，不论是等形组合法还是不等形组合法，其形态组合的处理方式通常为重叠、联合、连接、分离、覆叠、透叠和减缺等几种。

图3-8(a)、(b) 多等形分割及组合

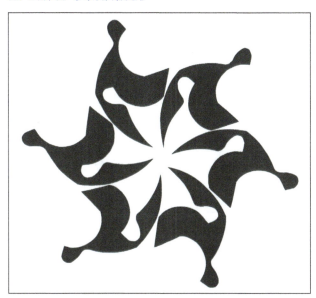

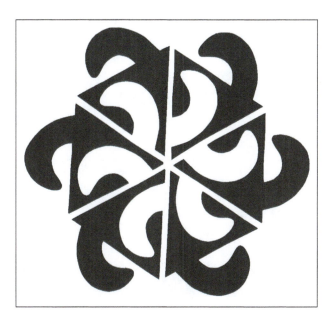

图3-9(a) 不等形分割及组合

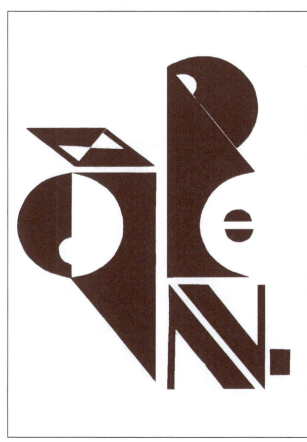

图3-9(b) 不等形分割及组合

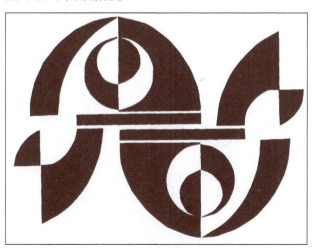

重叠是指单位形在组合时,形与形之间互相叠压重合在一起,从而形成一个新的形态的组合处理方式。它的特点是两个图形在经过重叠后,最终只能看到一个图形,如图3-10(a)所示。

联合是指单位形在组合时,形与形之间有一部分叠压在一起,从而形成一个新的形态的组合处理方式。它的特点是单位形的原本形状被改变了,如图3-10(b)所示。

连接是指单位形在组合时,形与形之间只有部分边缘正好相接(没有形成前后叠压)的组合处理方式。它的特点是单位形的特征保存得比较好,如图3-10(c)所示。

分离是指单位形在组合时,形与形之间保持一定的距离,形成各自独立、互不相接的组组合处理方式。这种组合方式要注意单位形之间内在的联系性,"形散而神不散"是它的组合原则,如图3-10(d)所示。

覆叠是指单位形在组合时,形与形之间不仅要有部分面积互相重叠,还要形成明确的前后叠压关系的组合处理方式。它与联合处理方法的区别在于:联合处理的结果是,不同的单位形在重叠之后,形成了一个新的形态;而覆叠处理的结果是,不同的单位形在重叠之后,依然保持各自不同的形态,只是它们之间出现了前后层次的关系,不在一个层面上了,如图3-10(e)所示。

透叠是指单位形在组合时,形与形之间有部分面积互相重叠,并且在重叠的部分用第三种方式来表达的组合处理方式。这种组合方式可以在互相重叠的单位形之间形成前后层次关系,但是这个层次不像覆叠处理的前后关系交代的具体明确,而是互为前后的,具有视觉变幻的特点,如图3-10(f)所示。

减缺是指单位形在组合时,形与形之间有部分面积互相重叠,其中一个形态的重叠部分被另一个形态切掉,最终形成部分残缺的处理方式,如图3-10(g)所示。

(3) 形变造型法

在平面构成中,形变造型法是指将两个看起来毫不相干的几何形态,逐步向对方形态特征上靠拢,直至最终成为对方形态的样子。比如,方形与圆形之间的形变,长方形与三角形之间的形变等。

图3-10 形态组合的处理方式

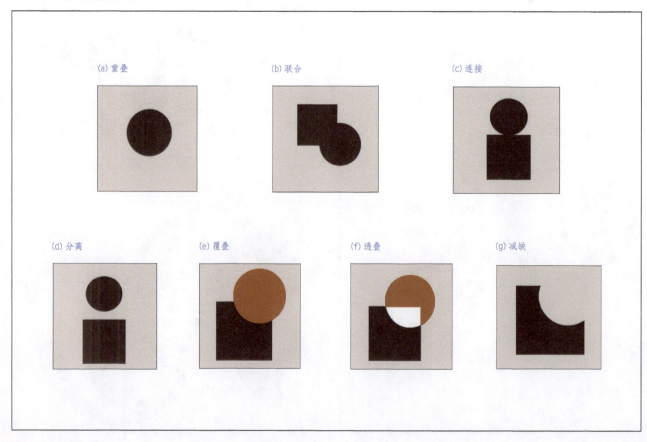

3.2 平面构成中的具象形态

具象形态的设计范畴

具象形态是指艺术造型中能够加以指认的形态,包含动物、人物、植物、风景等自然形态和人工形态。这些形态充斥于生活中的每一个角落,具体而真实,为我们的艺术创作提供了取之不尽的创作源泉。

平面构成中具象形态的构形方法

对物象进行有目的的艺术再加工,使之更能表达设计者的主观意图,是具象形态的构形原则。因此,对物象的构形不能走入随心所欲、没有目的,为变化而进行变化的误区中。物象的形态变化是建立在创作者对物象的主观感情和感受基础上的,将主观感情融入作品中,也就是将创作者的主观思想用图形语言表达出来。

在平面构成中,对具象形态的艺术构形着重要把握住两个方面。一方面,它作为艺术设计语言形式,在造型表现上不像写生那样受客观物象形态的限制,为了表达得明确和充分,可以打破时空,可以主观臆造,充分利用图形语言来进行说话;另一方面,它作为视觉语言的表达形式,画面的装饰性和美的视觉感受是很重要的,因为悦人的视觉形式对内容的有效传达起着至关重要的作用。

依据不同的创作需要,具象形态的构形方法可以归纳为夸张、归纳、适形、添加、条理、重复、组合、分解重构和形变九种。

(1) **夸张构形法**

夸张构形法是创作者依据对自然物象的主观感受,欲进一步突出其个性化特点,而对描绘物象的特征进行夸大表现,使其更具典型性的构形方法。在平面构成中,根据所要表现内容的不同,分为局部的夸张和整体的夸张;根据表现成分的不同,分为动态的夸张、形态的夸张和神态的夸张等。夸张的结果必然导致物象改变其常规形态,因此,夸张和变形总是相随相生的。图3-11是对长颈鹿的长脖子做的局部夸张。

(2) **归纳构形法**

归纳构形法是创作者依据主观感受,整理概括出自然物象的主要特征,删除一些不必要的细节和局部,使形象更典型、更鲜明的构形方法。归纳的处理过程总是和简化联系在一起的。图3-12是采用了归纳构形法创作的白天鹅与黑天鹅。

影绘的表现形式是归纳构形法的极端表现,它将物象所有的内部结构全部省略掉,只归纳概括出一个极具特征的外部轮廓来进行表现。

图3-11 夸张构形

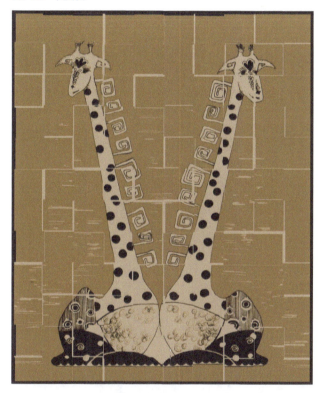

图3-12 归纳构形

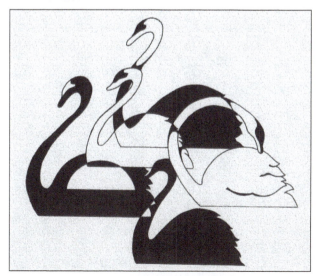

图3-13(a) 几何形态适形构形，头巾图案（贵定）

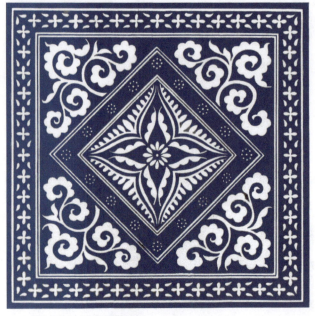

图3-13(b) 自然形态适形构形

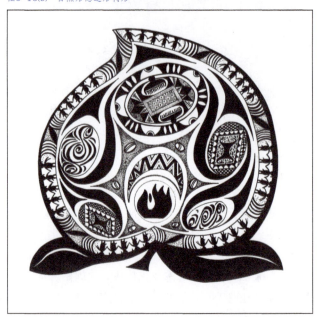

图3-13(c) 人工形态适形构形

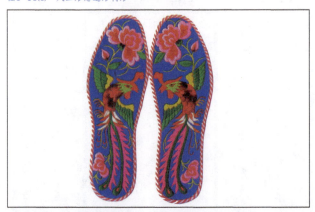

（3）适形构形法

适形构形法是基于一定的设计要求，将自然物象巧妙地安排在一定的形状中，并使自然物象的边缘与形状的轮廓相吻合的构形方法。对自然物象具有约束、限制作用的形状可以是几何形[图3-13（a）]、自然形[图3-13（b）]或是人工形[图3-13（c）]；而置于其中的自然物象可以是对称的构成形式（图3-14），也可以是均衡的构成形式（图3-15）。

图3-14 对称形式适形构形，蜡染图案（丹寨）

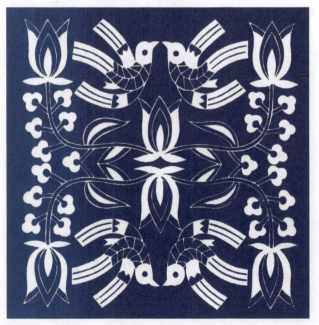

图3-15 均衡形式适形构型，蜡染图案（丹寨）

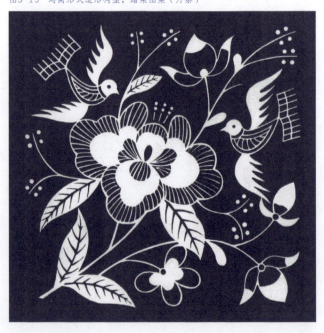

（4）添加构形法

添加构形法是根据创作者的主观意图，在一个物象上，添加一些原本并不存在的新元素，使其更理想化，更具有美感和象征意义的构形方法。比如，在民间剪纸图案中常见的"花中套花"、"叶中套花"就属于这种造型方法，如图3-16所示。

（5）条理构形法

条理构形法是对自然物象进行规整化、秩序化处理，化无序为有序，使图形获得整齐、秩序、律动的装饰美的构形方法。图3-17是甘肃省榆中县麻家寺出土的器内绘彩的彩陶盆图案，盆内的线形有条不紊、秩序化的排列构成，形成强烈的律动美。

（6）重复构形法

重复构形法是将经过艺术加工过的自然物象，在同一空间内做规律或不规律的反复出现的构形方法。为增加设计作品的灵活性，其反复出现的图形在形态上可以有大小的变化，在位置上可以有交叉重叠，在方向上可以自由安排。这种同一形象反复出现的形式，更能加深作品给人的视觉印象。图3-18是甘肃省东乡族自治县林家出土的器内绘彩的彩陶钵俯视图，钵内绘制的纹样以不同的方向，不同的大小自由排列构成。

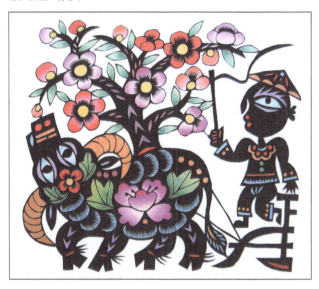

图3-16(a) 打春牛

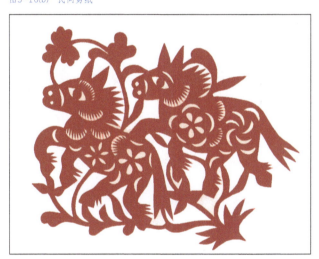

图3-16(b) 民间剪纸

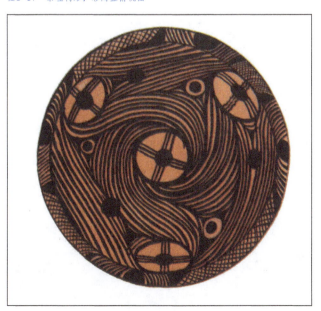

图3-17 条理构形，彩陶盆俯视图

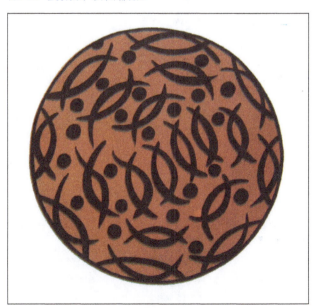

图3-18 重复构形，彩陶钵俯视图

（7）组合构形法

组合构形法是创作者根据设计意图，将两个以上的自然物象结合在一起，共同构成一个新的图形的构形方法。这种方法打破了自然界常规的时空现象，创作出的新形象，源自于生活，又超越生活，给人以新奇的视觉印象。图3-19是采用组合构形法创作的作品。

（8）分解重构构形法

分解重构构形法是创作者根据设计意图，将完整的自然物象进行分解打散，并将打散后的各个局部重新组织起来，形成新的形态的造型方法。这种构形方法使得物象的原本特征若有若无，增添了视觉变幻和空间层次，如图3-20所示。

（9）形变构形法

形变构形法是指创作者根据主观创作意图，将两个不同的自然物象，在造型上进行自然转化的构形方法。创作者往往借助这两个本不相干的物象，来表达主观的思想和理念。图3-21是采用形变构形法创作的作品。

图3-19(a) 力量

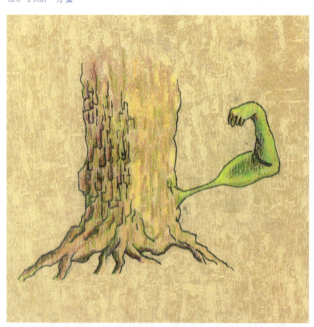

图3-19(b) 行走的马蹄莲

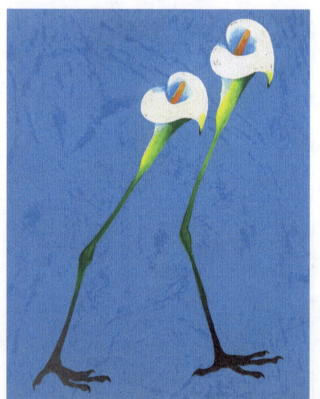

图3-20 分解重构构形，飞天

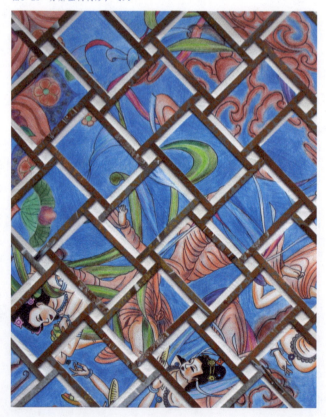

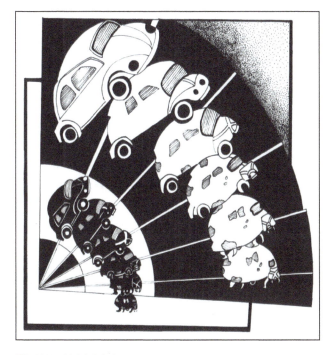

图3-21(a) 甲壳虫与汽车

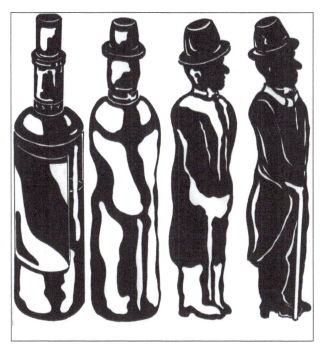

图3-21(b) 酒瓶与绅士

3.3 彩陶图案中的几何化形态

彩陶专指新石器时期用矿物颜料彩绘后，烧制的无釉陶器。中国彩陶有着长达约五千年之久的悠久历史，其分布也非常辽阔，从北到南跨连着黑龙江、黄河、长江流域；由东海之滨横贯中原、陕甘青地区而西至新疆天山南北；东南到福建、台湾、广东；西南至四川、西藏地区。彩陶在不同地区各自发展，又互相影响，彼此交融；在不同时期既继承发展，又开拓创新，逐步形成了共同的而又丰富多彩的艺术风格。

彩陶图案中几何化形态的造型方法

彩陶图案取材于生活，从造型看，有逼真生动的自然形态造型，也有归纳简化的几何形态造型。彩陶图案中的几何形态造型极具装饰和现代感，是我们学习传统图案的瑰宝。这些几何化图案印刻着生活的痕迹，它一方面是由现实生活中的具有几何化造型特点的图案，如鱼鳞纹、栅栏纹、席纹、贝壳纹等经过归纳、提炼后取得；另一方面是由生活中的写实图案经过简化、概括，逐步演化而成。几何化的图案相较于写实图案更富有装饰性，适合于装饰器物。另外，几何形图案简化了彩绘过程，易于掌握，传授，利于彩陶的大量生产。

（1）对生活中几何化造型物象的再创造

生活中的几何形造型物象在经过归纳、概括后，形成更富有装饰性的几何化图案。比如马家窑文化马厂类型的连贝纹，贝纹上下相对并连续着，造型饱满又有秩序，通常装饰在彩陶瓶的颈部，如人们佩戴的项链一般，估计这是对当时人们服饰佩戴的一种模仿。

连贝纹的造型随着时间的推移也是有变化的，最初装饰的连贝纹是写实的，中间还穿着线，有很强的对项链的模仿痕迹。后来造型逐渐几何化，弧形的边缘变为折线，最后贝壳之间的连线也消失了，演化为菱形，形成了规则的菱形二方连续图案带。

此外，大汶口文化中的编织纹，如连栅纹、纽锁纹、席形纹等也都属于这一类型。

（2）对具象形态的几何化处理

从彩陶图案的发展来看，图案的造型呈现出从写实造型向几何化造型发展的趋势。以鱼纹为例，在甘肃秦安的大地湾仰韶文化早期遗址中出土的鱼纹是绘在叠唇圜底盆上的，在盆外上腹鱼纹作一圈排列，鱼纹的造型很写实，头、嘴、眼、身、尾、鳍，一应俱全（图3-22）。到仰韶文化早期的后一阶段和中期，由于盆腹变扁，鱼纹被相应的拉长，造型也随之概括、夸张（图3-23）。到仰韶文化中期的晚一阶段，鱼纹已经被夸张

图3-22 彩陶盆，鱼纹

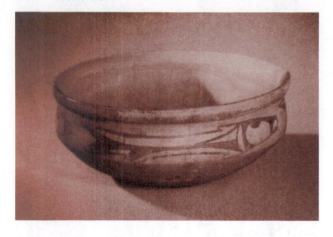

变形的基本上成为几何形纹样，并且作上下对称状，这样更加加强了装饰效果，只能从鱼的尾、鳍等部位来依稀辨认出鱼的痕迹（图3-24）。

除鱼纹外，鸟纹亦是如此。仰韶文化庙底沟类型的鸟纹图案早期也是写实的，有正面、侧面和展翅飞翔的三种造型。尤其是侧面的鸟纹，身体圆肥，张嘴，双翅翘起，尾部上翘并分叉，形态逼真。而到了庙底沟类型晚期，这些鸟纹依装饰需要则完全变成了几何形图案，正面鸟纹演变成圆点弧边三角纹（图3-25），侧面的鸟纹演变成圆点弧线纹（图3-26），飞翔的鸟纹演变成圆点钩羽纹（图3-27）。这种几何化的鸟纹图案综合运用，以飞翔旋动的形态使图案富有蓬勃的活力。

图3-23 彩陶盆，鱼纹

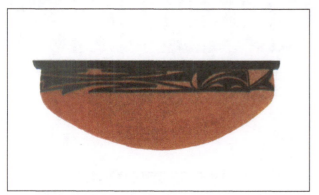

图3-24 彩陶盆，变体鱼纹

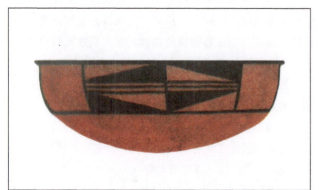

图3-25 彩陶盆，变体正面鸟纹

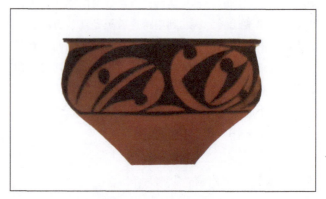

图3-26 彩陶盆，变体侧面鸟纹

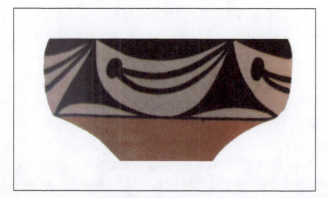

图3-27 彩陶，变体飞翔鸟纹

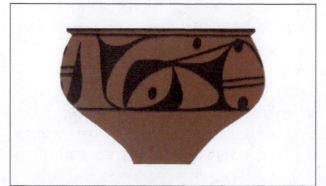

彩陶图案中几何化形态的构成形式

（1）弧线的动感造型

中国彩陶图案以"动"为主，尤其是黄河中上游的彩陶图案，多以弧线造型，将各种弧线互相穿插，综合运用，不同弧线的组合形成旋动的结构形式。这种旋动的构成形式依据装饰器物的部位不同，通常分为连续式旋动构成和独立式旋动构成两种形式。

① 连续式旋动构成。连续式旋动构成图案通常为器外绘彩，在器物的肩、腹等部位形成旋动的二方连续环状纹样。在彩陶图案中，庙底沟类型的鸟纹，其抽象化的弧边几何造型奠定了彩陶图案的曲线动感基础，正面、侧面、飞翔的鸟纹互相穿插，交织出缤纷缭乱的运动图景（图3-28）。马家窑文化石岭下类型将这种曲线动感继续向前推进，以一对斜向的共用一头的变体鱼纹、变体鸟纹为母题，以逆对称的形式加强动感（图3-29），这种逆对称的结构形式逐步发展为以圈点纹为旋心的二方连续旋纹。到半山类型，这种旋纹得以继续发展，以多条旋动的弧线和锯齿线来强化旋动感，形成如潮水浪涛般的涌动感觉（图3-30）。

② 独立式旋动构成。独立式旋动构成图案以叠唇圜底盆为代表。马家窑类型中期彩陶盆器内绘彩盛行，通过点定位的方法，以柔美流畅的弧线构成各式旋动图案，如旋涡般交驰盘旋，旋动的动感效应在这里得到了极好的体现，如图3-31所示。

（2）斜线、折线、波线的动感构成

斜线、折线、波线都是具有动感的线形。斜线、折线体现的是直线的冲动，波线体现的是曲线的流动。在彩陶图案中，往往是几种线形的综合运用，表现出不同的动感。比如，在庙底沟、马家窑、半山等类型文化的彩陶图案中，多见将斜线和旋式结合而构成的图案，形成交错式的旋动效果。

彩陶图案中几何化形态的构成法则

（1）对比

对比是彩陶图案中主要的表现手法。通过对比来制造冲突，使图案产生丰富的艺术效果。在彩陶图案中常用的对比手法有动静对比、曲直对比、疏密对比和阴阳对比等。

① 动静对比。动静对比是以具有"动"感的图形和具有"静"感的图形组合搭配构成，并将其中的一种

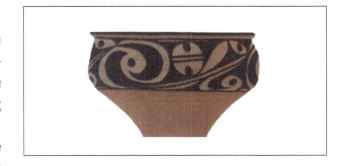
图3-28　彩陶盆

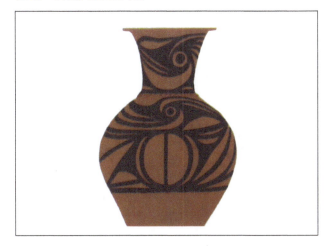
图3-29　彩陶瓶，变体鱼纹鸟纹

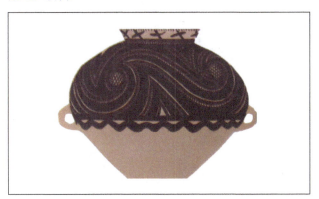
图3-30　彩陶罐

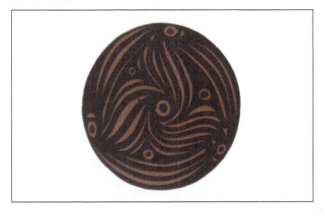
图3-31　彩陶钵

图3-32 彩陶壶

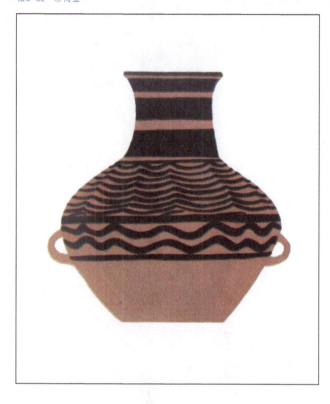

图形作为装饰主体,另一种图形作为陪衬,形成主次清晰、动中有静的图案形式,如图3-32所示。

②曲直对比。曲直对比是以具有流动感的曲线和具有平静感的直线组合搭配构成,既抑制了单纯曲线构成的不安定感,也克制了单纯直线构成的平板乏味,在整齐中求变化,图案流畅而丰富。

③疏密对比。疏密对比是以疏朗、简洁的图案和复杂、繁密的图案组合构成,使图案疏密有致、繁而不乱,如图3-33所示。

④阴阳对比。阴阳对比是以等量、等形的阴阳形共同构成图案。这一阴一阳的组合构成使图案极具装饰效果。

（2）反复

反复也是彩陶图案中常用的表现手法;一种形式是以同一造型纹样的反复出现为特征,形成连续的构成形式,使图案产生强烈的节奏感和秩序性（图3-34）;另一种形式是以同一纹样在彩陶器皿上的不规则反复出现,使图案彼此呼应,达到整体和谐的艺术效果。

（3）对称

对称是彩陶图案中常用的构成格式,以左右对称、逆对称和旋转对称为多见。

图3-33 彩陶盆,俯视

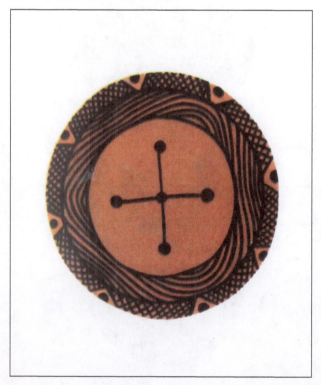

图3-34 彩陶钵

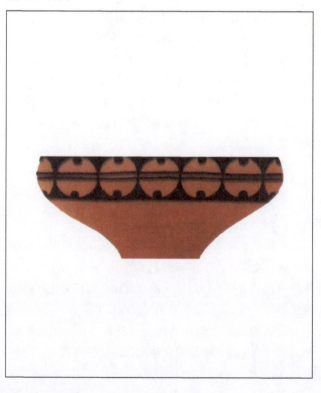

本章设计课题

课题1：点的构成

课题目标

在点的构成这个知识点中，共设计了点的网格构成、点的动感构成和点的形态构成三个训练课题。训练的目的为了解决以下两个问题。

一是认识什么是"点"。在平面构成中，点不仅仅局限于几何形的圆点，作为起造型作用的点，它可以是任何规则或不规则的几何形态，也可以是具象形态，只要它和周围环境对比来看有足够小，那它就是点了。

二是掌握点的性质，能够灵活地使用"点"。点的构成不是由一个点就能够完成的，空间的表达、动感的表现以及形态的构成都依赖于众多点的"集体的力量"，因此要揣摩众多点元素之间大与小、疏与密、前与后以及排列方向、走势之间的关系，让小"点"做出大文章。

课题训练1：点的网格构成

课题要求

构图稳定，主次关系表达清晰，空间层次明确，变化丰富。

课题讲解

这个课题的做法有两种形式，一是先在正方形的空间范围内设计出有变化的网格，然后在网格内放置几何造型的点元素；二是细密的网格线本身就构成了点，只要按照一定的形式进行间隔填充就可以了。

在设计中要注意网格线的规律变化和线条排列的疏密关系，巧妙地运用各种对比和骨骼变化，在作品中形成渐次变化的律动感、发射形式的运动感、大小变化的前后纵深关系，让作品呈现出扑朔迷离的视觉变幻。

课题示范

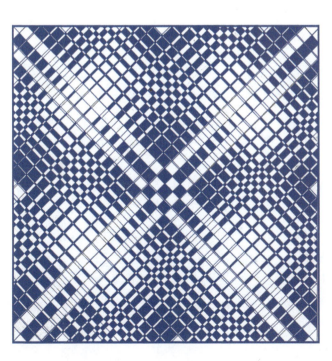
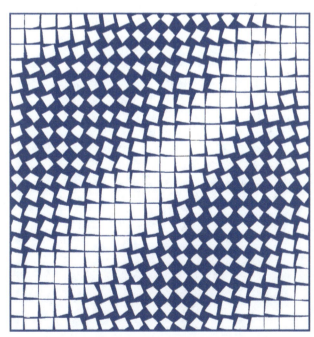

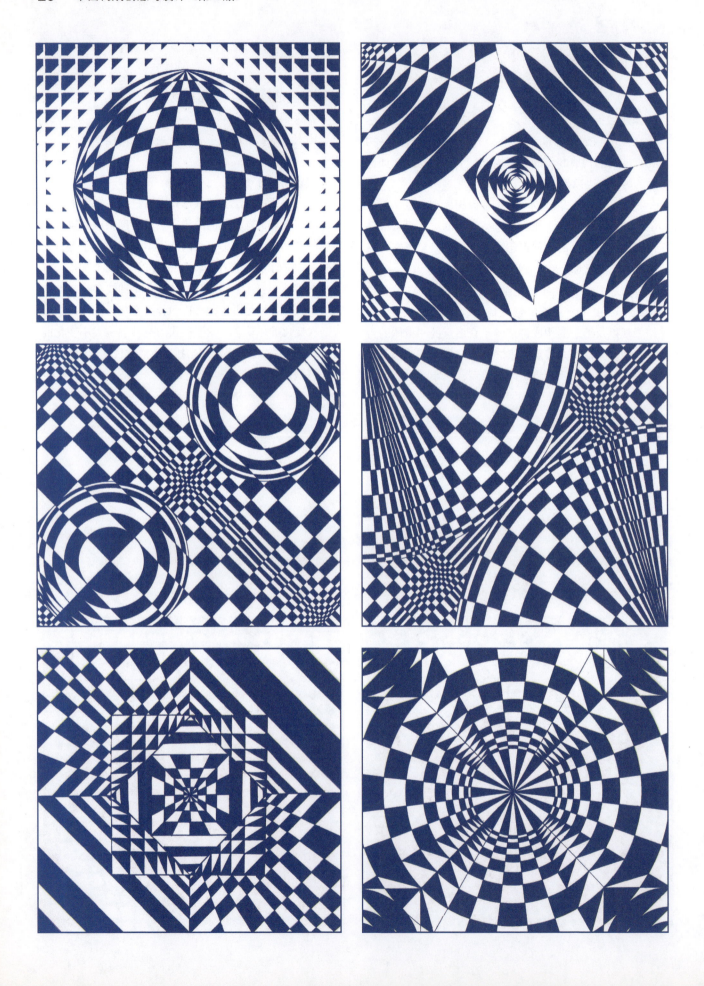

第 3 章　平面构成中的形态

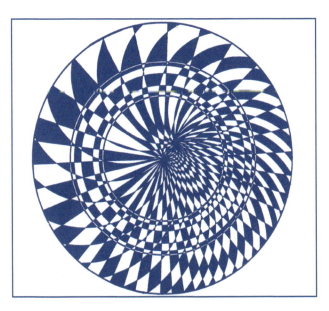
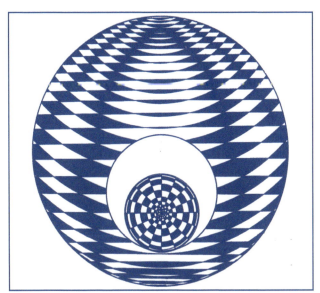
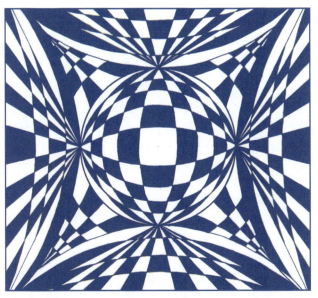
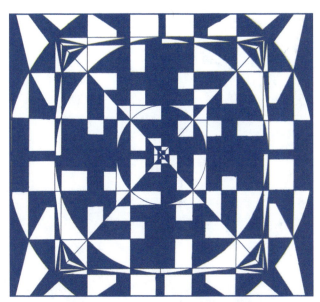
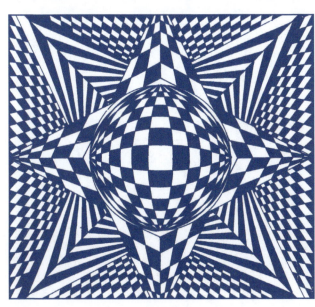
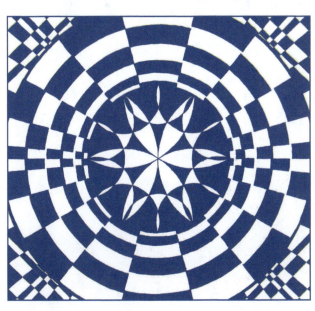

课题训练2：点的动感构成

课题要求

将点按照一定的走势连续排列，形成有运动感觉的图形。画面要求构图稳定，疏密关系得当，层次丰富。

课题讲解

由于点有吸引视线的作用，当有一个点时，视线是静止的；当有两个点时，视线在它们之间来回移动，产生线的感觉；当有多个点按照一定的趋势排列时，视线就会随着这些点逐次移动，就产生了运动的感觉。如果将这些点再有意识的施一些大小、虚实等渐次变化，那么画面的运动感会因为又增加了纵深关系而得到加强。

点排列的运动趋势通常有涡线、旋式、发射、倾斜等。

课题示范

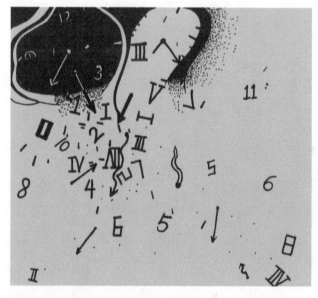

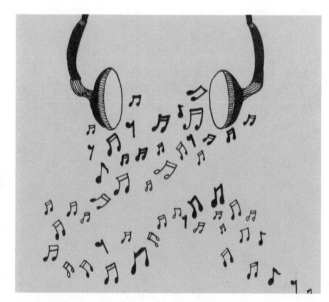

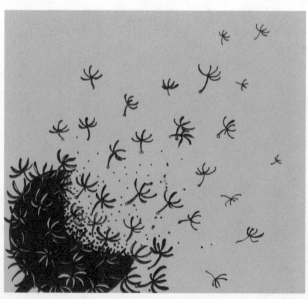

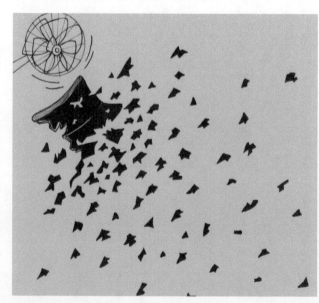

第 3 章 平面构成中的形态

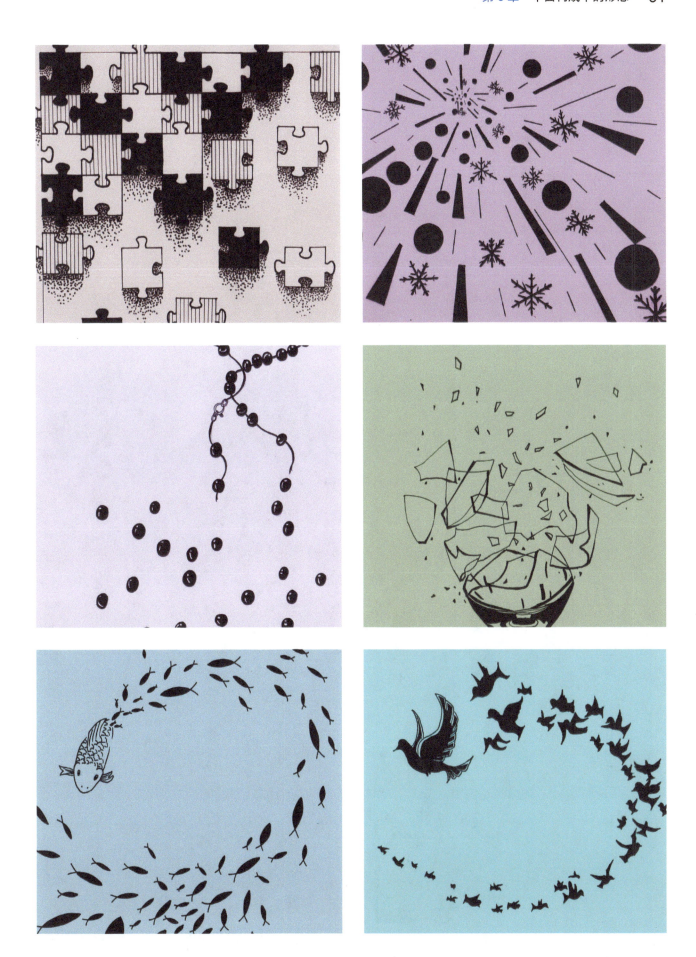

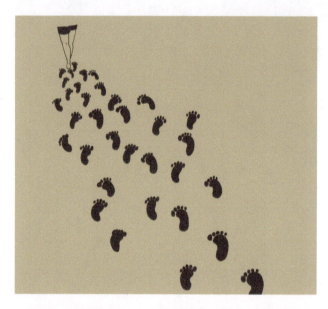
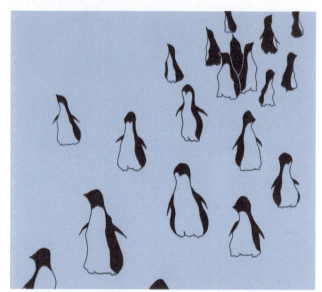
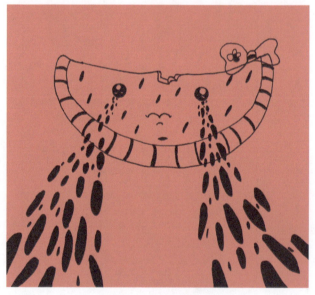
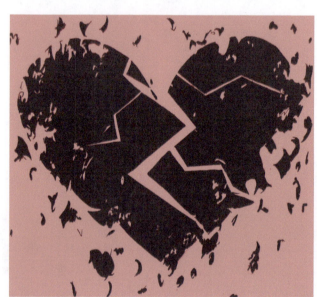
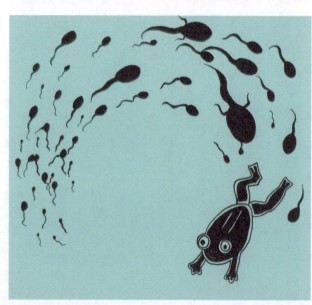
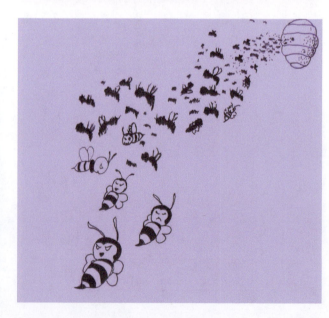

课题训练3：点的形态构成

课题要求

将点按照一定的形式组合排列，形成一幅具象图形。要注意造型准确，构图稳定，层次丰富。

课题讲解

点是从所有形态当中抽象出来的最基本的构成元素，反之，点也能构成各种形态。不同大小、形状的点通过一定的排列，可以表现出丰富的图形。

泥点的组合造型优点是细腻柔和，刻画深入，缺点是缺乏个性。有一定造型的点优点是可以结合具象图形的内容，合适恰当的选择点的造型，以便更贴切地表现图形内容，缺点是不擅表现事物细腻、微妙的变化细节。二者都各有长处和短处，所以，要根据所画的内容，选择恰当的点的形式。

课题示范

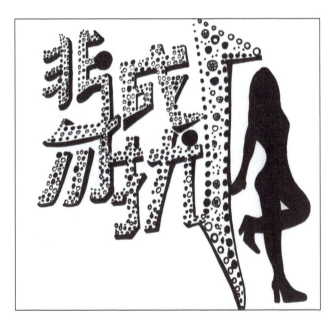

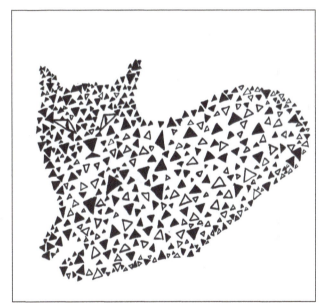

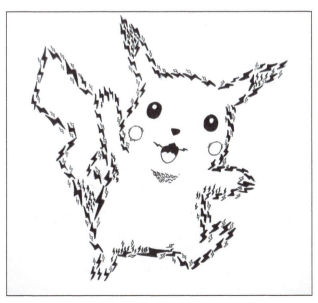

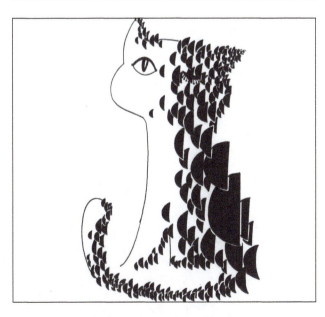

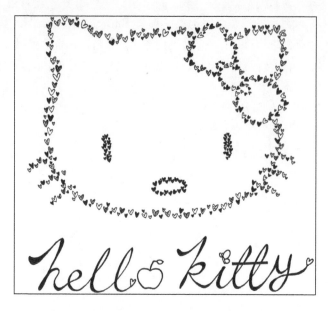
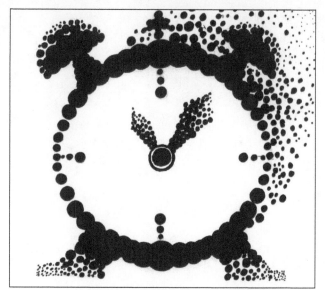
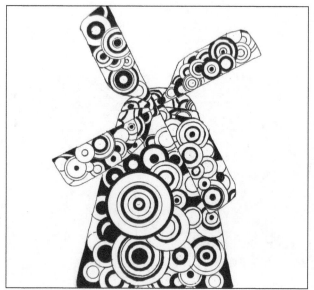
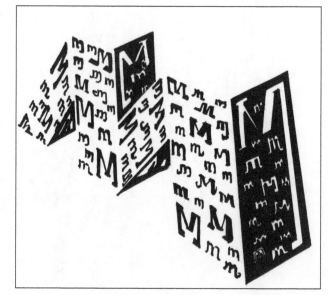
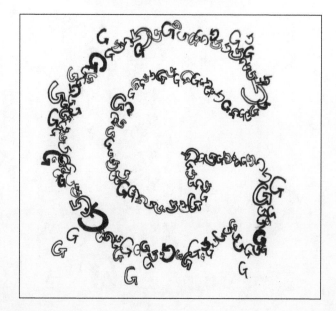
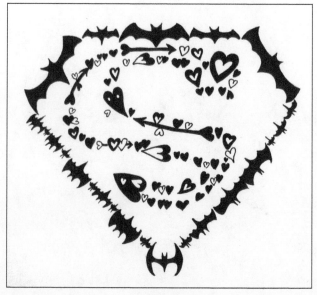

第 3 章 平面构成中的形态 35

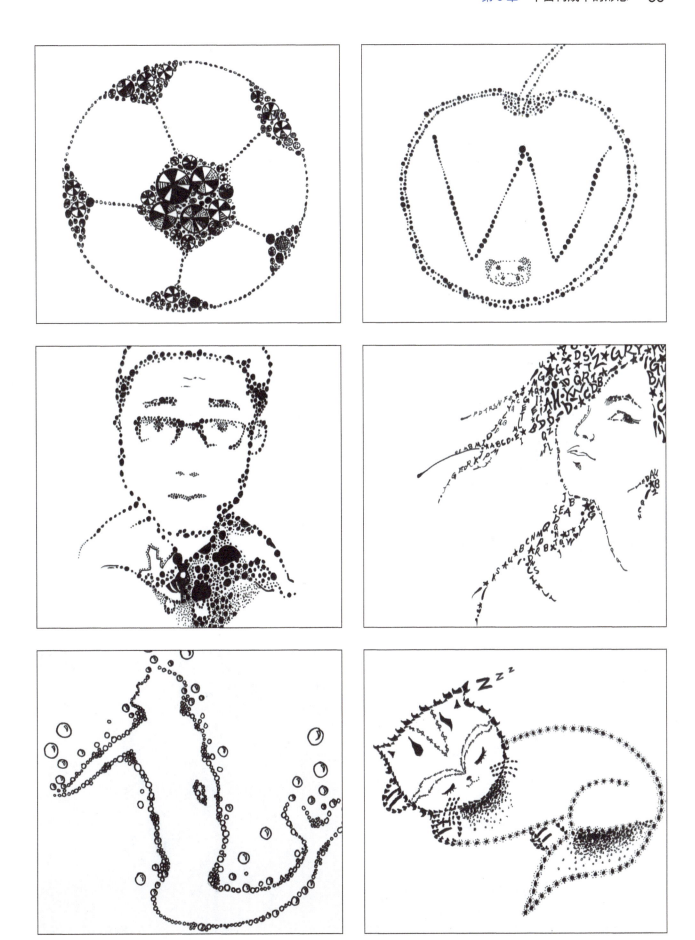

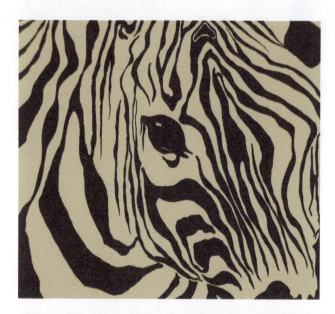

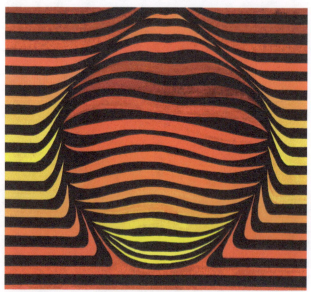

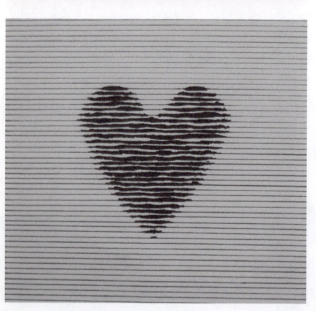

课题2：线的构成

课题目标

在线的构成知识点中，设计了几何形线的自由构成和线的装饰表现构成两个训练课题。课题训练的目的，一是感受并学会在二次元的平面空间中，如何通过线的排列和重叠关系，制造出三次元的空间深度感，以及静止的线条如何通过曲线、波线、涡线、旋转、错位、倾斜等手段表现出运动的感觉；二是感受不同线形的装饰作用，以及用于图形表现时，对图形内容产生的推动作用。

课题训练1：几何形线的自由构成

课题要求

构图稳定，层次丰富，主次关系清晰，空间关系明确，有较强的整体性。

课题讲解

在平面构成中，线不但是重要的造型元素，而且通过一定的组合，还可以在二维空间中制造出三维的空间深度感和运动感。通过课题训练，了解不同的线形以及线条的粗细、虚实和方向变化在平面构成中的造型作用以及在空间关系上的表现力。

在线的造型上，可以是尺规完成的挺括秩序的规则线，也可以是自由随意的有机线；在构图上，可以是对称式（轴对称或点对称），也可以是均衡式。线的构成忌讳单调，要尽可能地多寻求一些变化。比如，可以将线进行粗细、疏密的渐次变化，增加画面的律动感；还可以将线条按照不同方向进行组合，或者是不同线型进行组合，丰富画面视觉效果。

课题示范

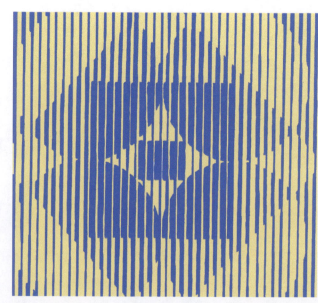

第 3 章 平面构成中的形态 37

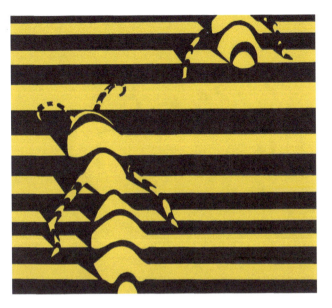
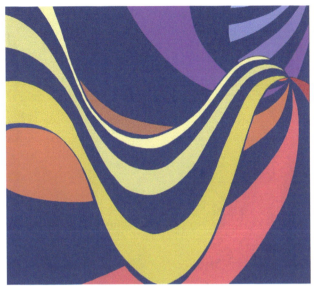
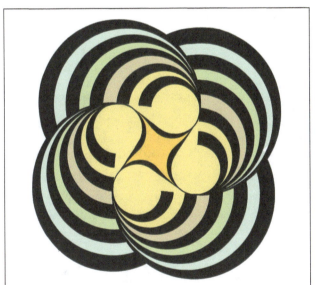
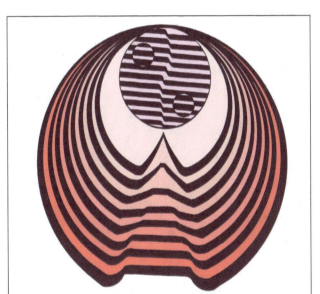
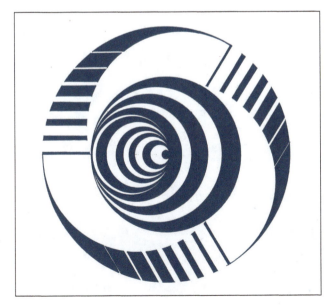
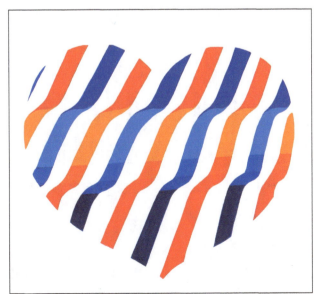

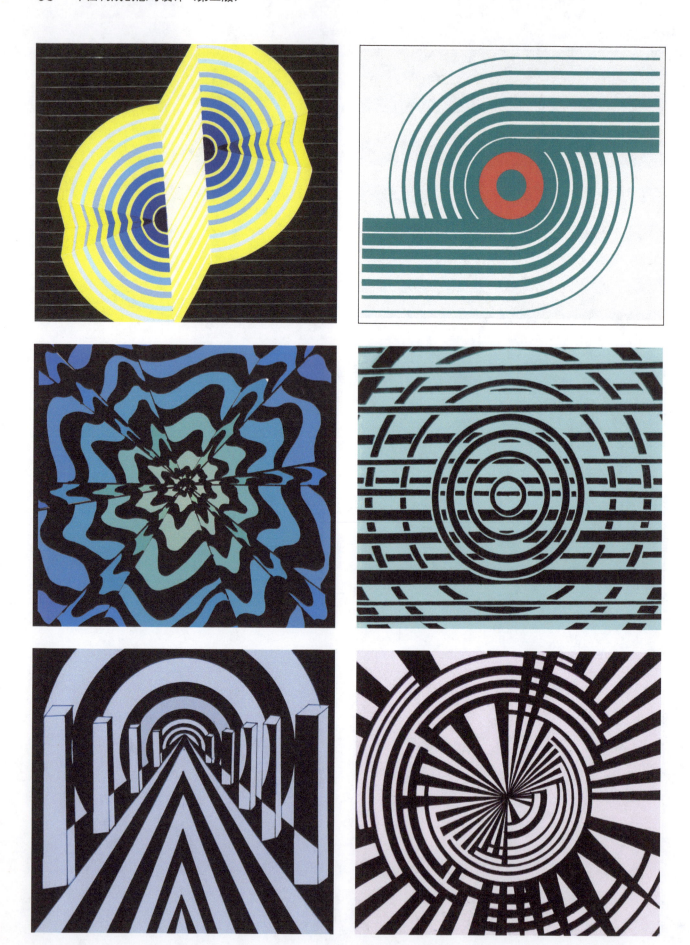

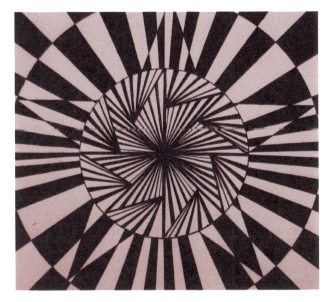
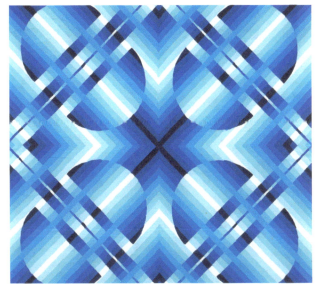
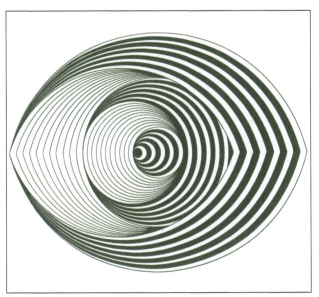
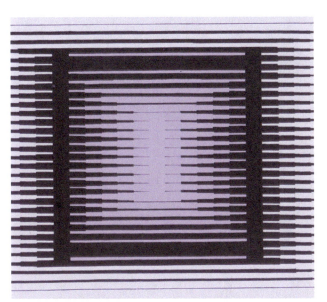

课题训练2：线的装饰表现构成

课题要求

设计一幅图形，将其用八种不同的线型进行装饰表现。要求形式丰富，风格多样，富有个性。

课题讲解

在平面构成中，抽象形的线条也是极具装饰作用的，同样的图形，在不同线形的装饰作用下，会呈现出不同的视觉效果，给人以不同的心理感受。

该课题要从图形的内涵和外在特征入手，用不同的线型多角度地诠释图形的不同方面。

课题示范

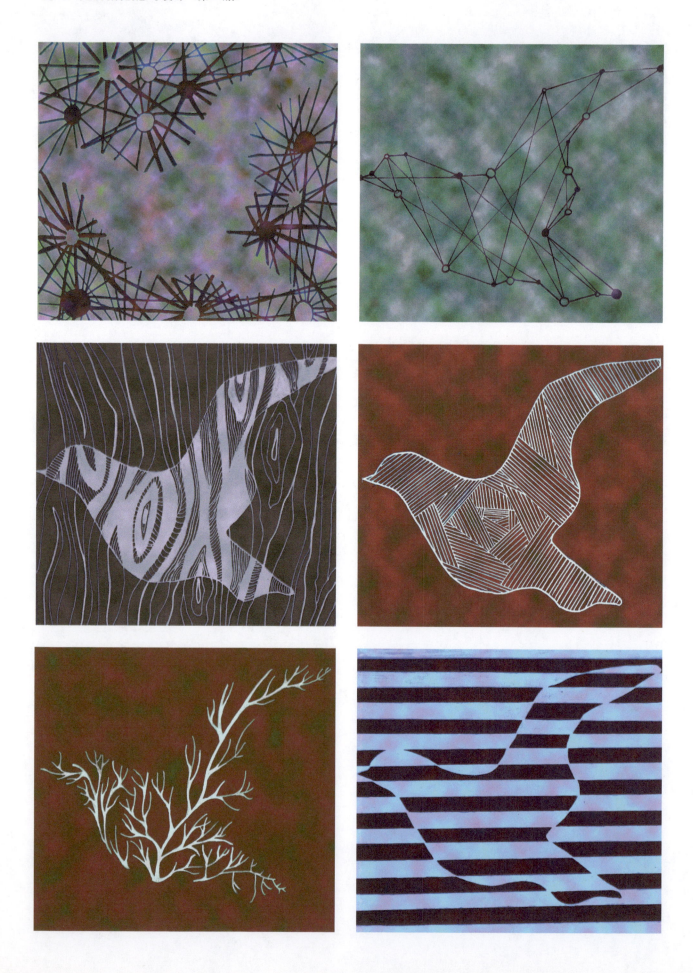

第 3 章 平面构成中的形态

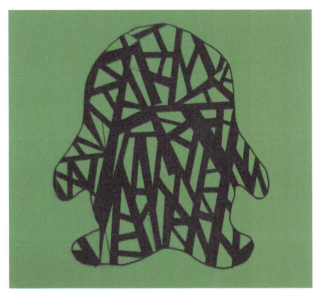
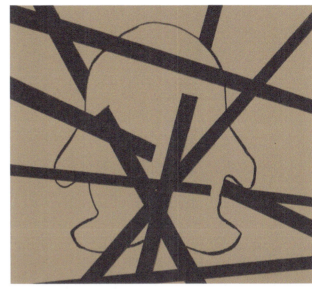
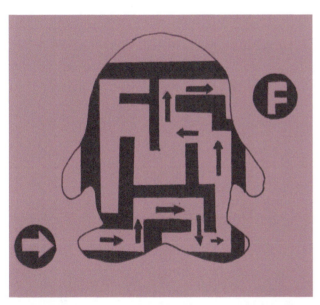
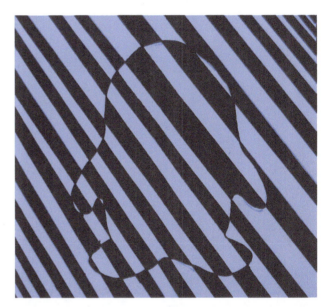
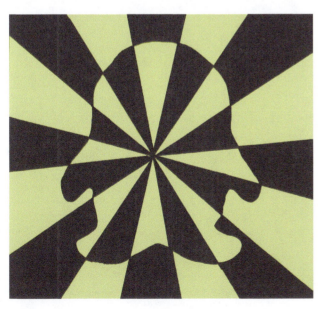
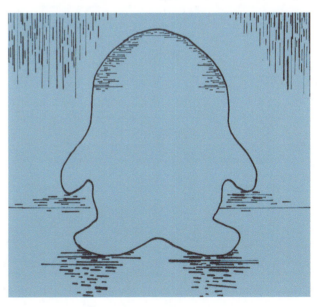

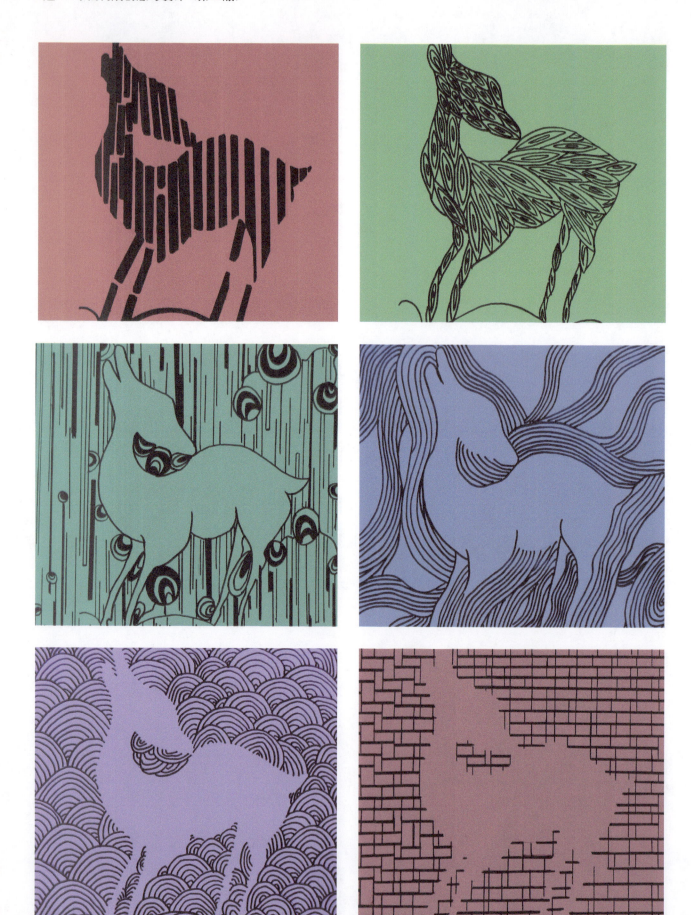

第 3 章 平面构成中的形态

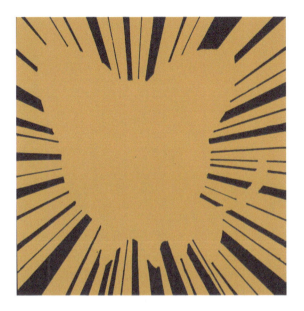
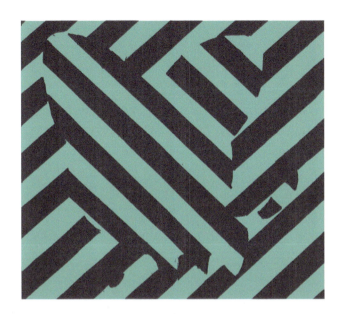
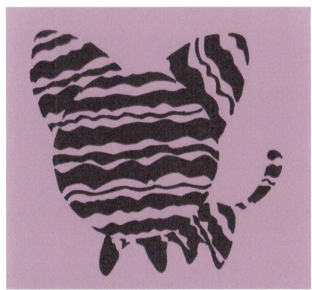
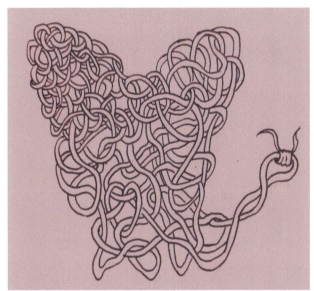
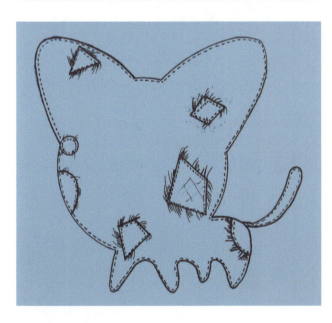
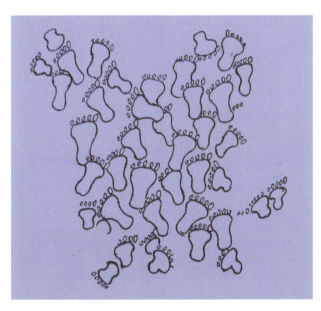

44　平面构成创意与设计（第二版）

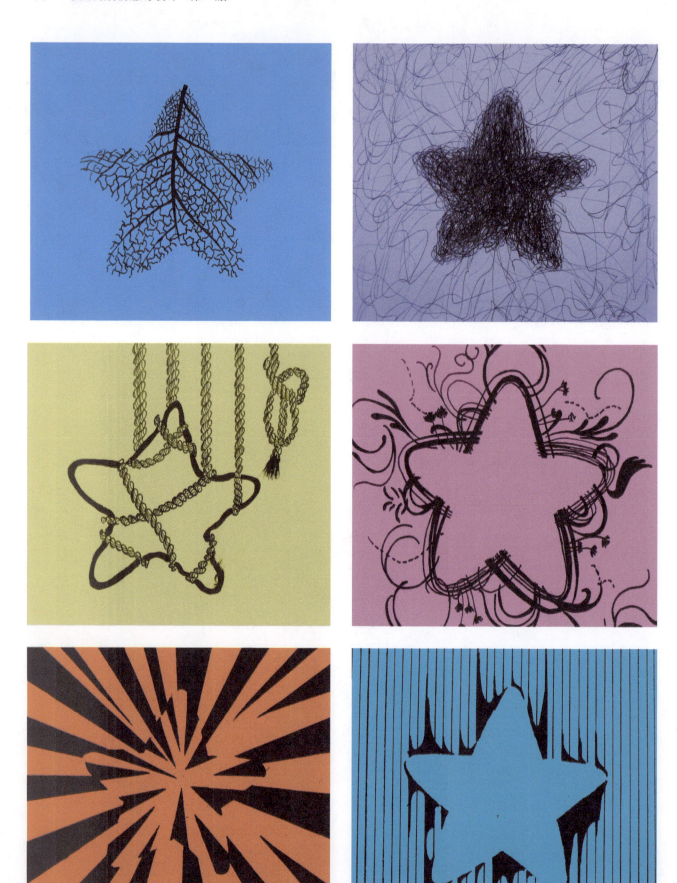

第 3 章 平面构成中的形态　45

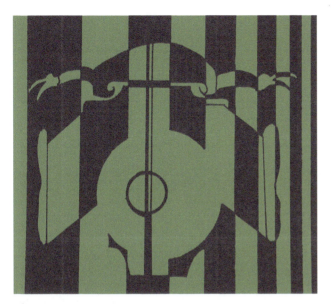
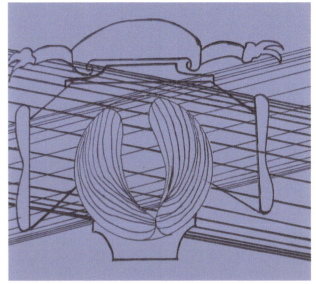
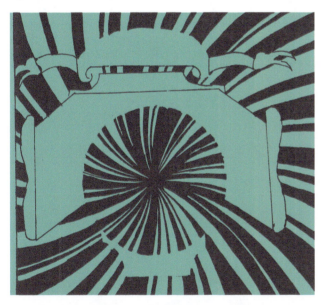
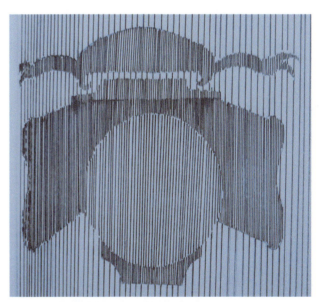
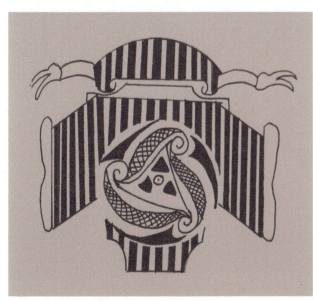
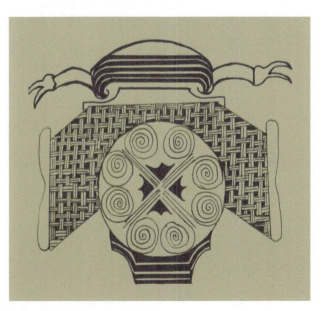

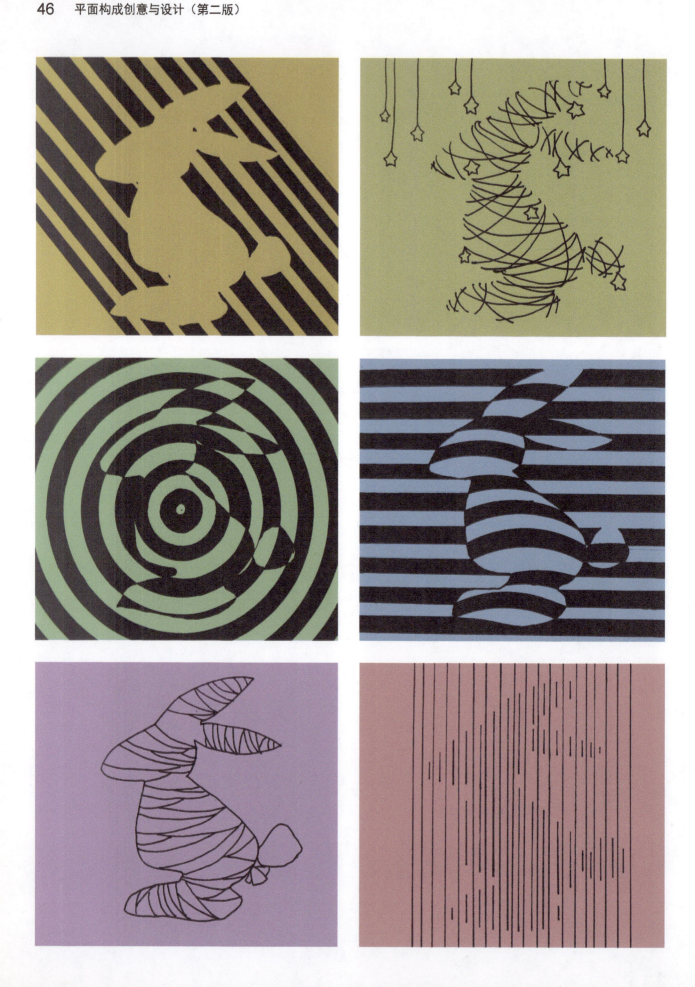

第 3 章 平面构成中的形态 47

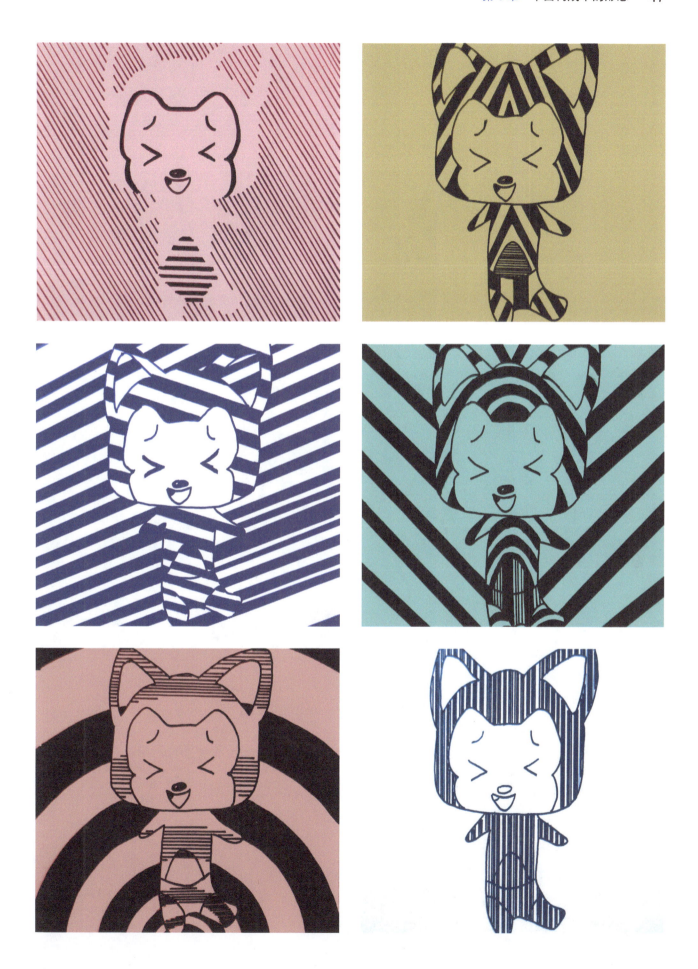

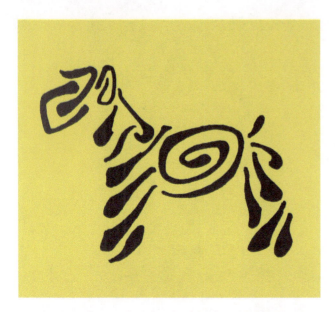
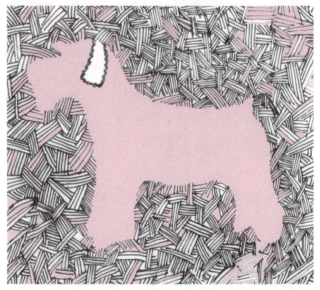
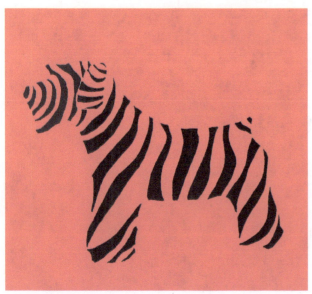
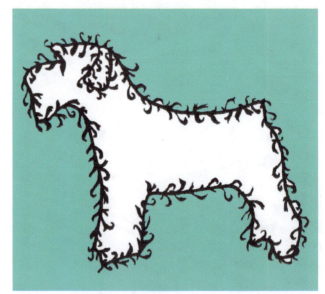
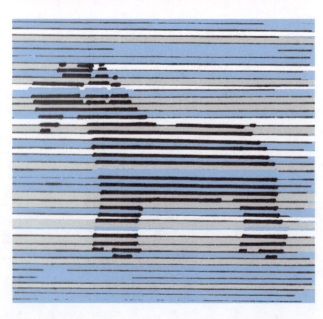
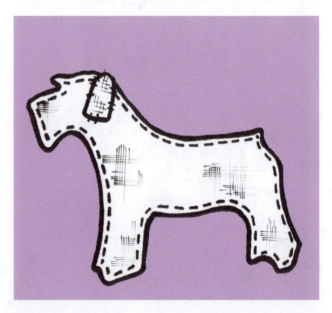

第 3 章 平面构成中的形态 49

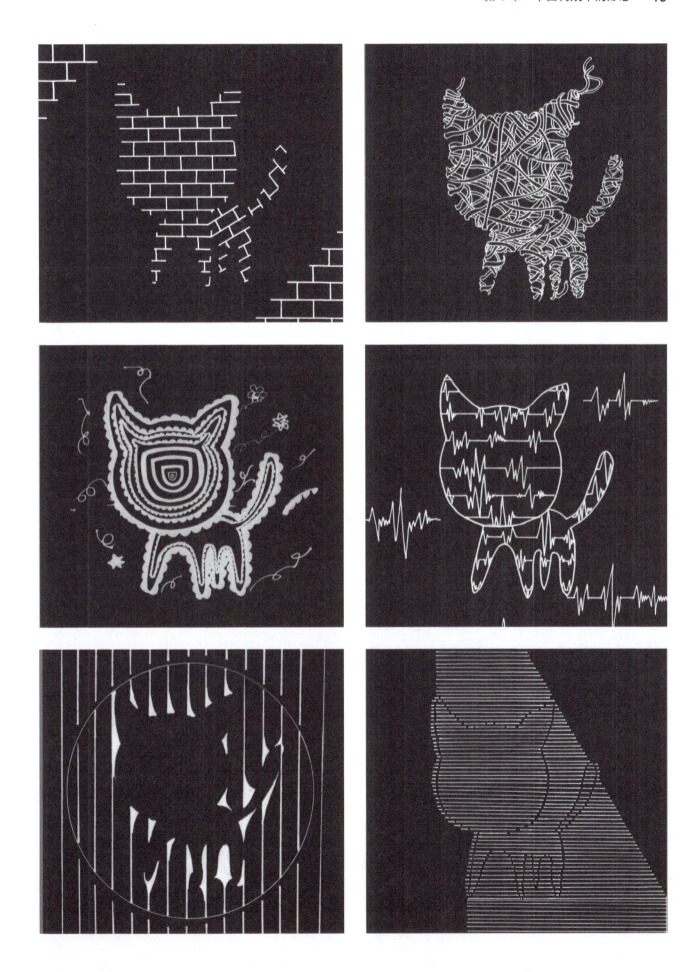

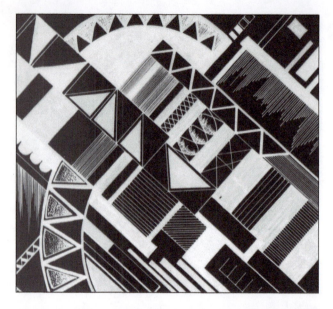

课题3：点、线、面的综合构成

课题目标

课题三是课题一和课题二的推进，它不但包含了前两个课题的内容，还增加了点、线、面之间的组合问题，因此，难度明显高于前者。这个课题不但考察学生对点、线、面构成元素的熟悉程度和驾驭能力，更考察学生对画面整体的掌控能力。点、线、面本身就包含了很多对立的因素，要想获得整体而变化丰富的画面，就要遵循"在变化中求统一，在统一中求变化"的形式原则。

课题要求

以点、线、面为设计元素，构图平衡、主次清晰、比例恰当、空间层次丰富。

课题讲解

在平面构成中，点、线、面是最基本的构成元素。本课题将通过点、线、面的合理配置，诸如形态的规则或不规则、面积的大或小、线条的粗或细、位置的上或下、层次的前或后、刻画的虚或实等，形成丰富且统一的画面。

课题示范

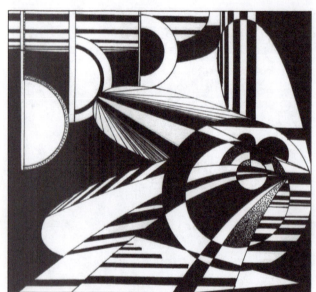

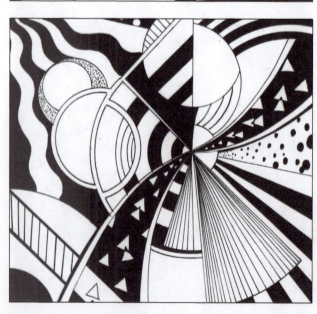

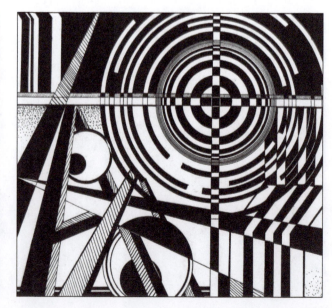

第 3 章 平面构成中的形态　51

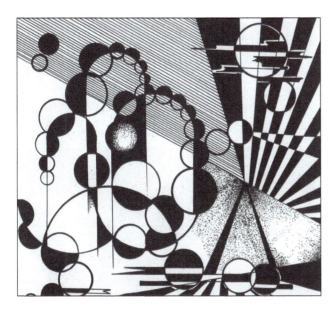
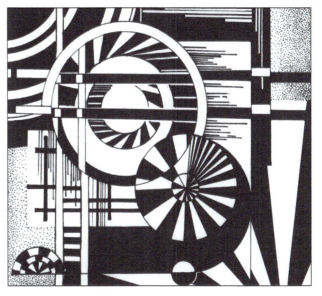
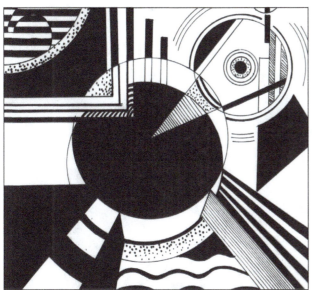
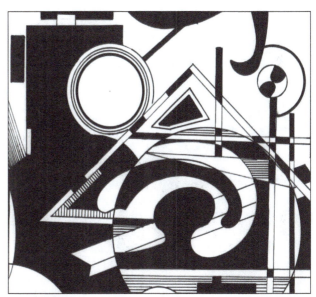
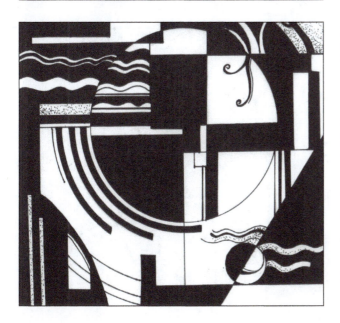
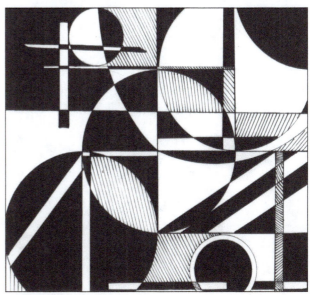

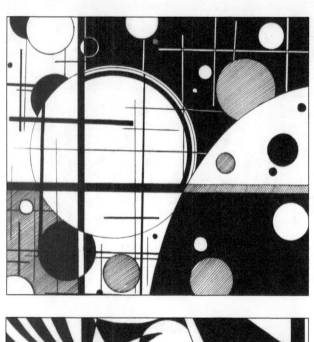
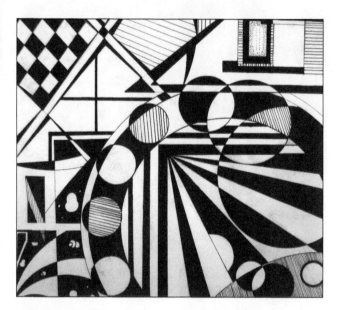
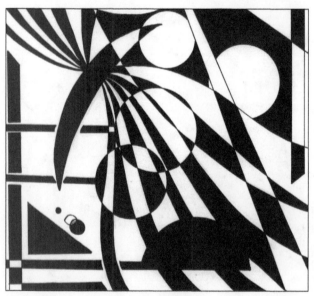
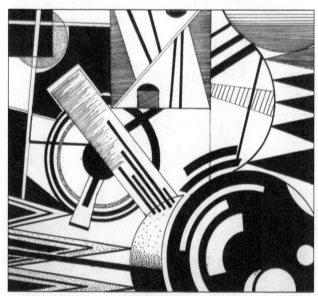
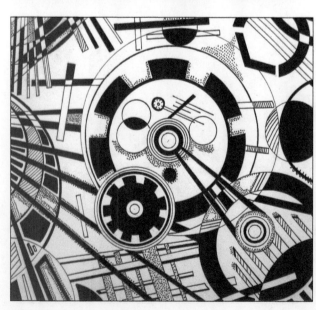
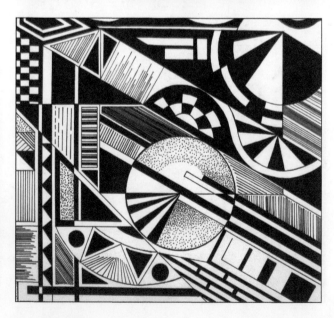

第 3 章 平面构成中的形态 53

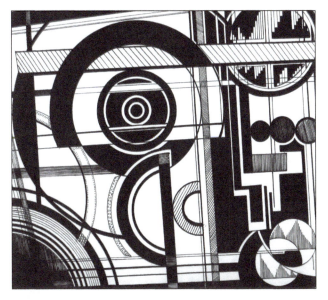
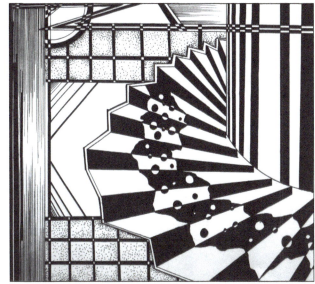
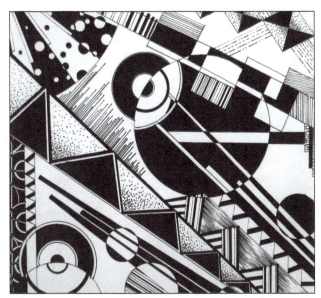
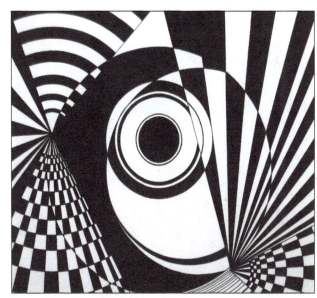
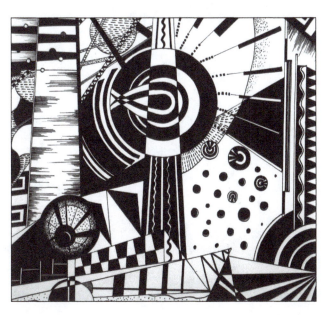
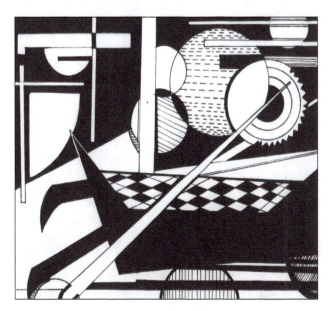

课题4：以彩陶纹样为母题的点、线、面装饰构成

课题目标

学习中国彩陶图案中点、线、面的造型、构成特点，向中国优秀的传统文化学习，古为今用。

课题要求

构图稳定、主体突出、层次丰富、装饰手法多样，构成作品要具有彩陶图案的艺术风貌，而非彩陶图案的再现。

课题讲解

这个课题在构成形式上，要吸收彩陶图案的动感特征，学习彩陶图案动静相宜、疏密相间的组织构成方法；在图案的造型上，要吸收彩陶图案中点、线、面的造型特点，设计出具有彩陶图案特色的现代装饰构成。

课题示范

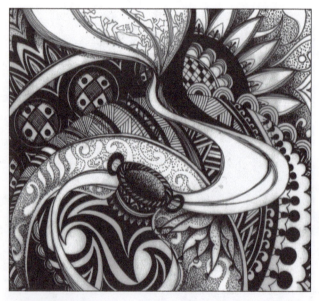
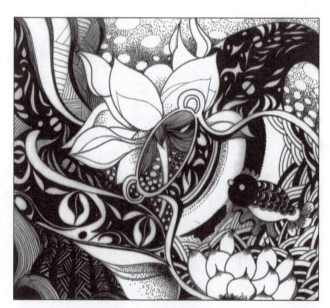
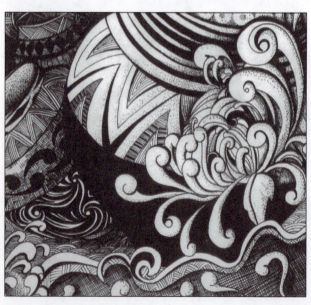
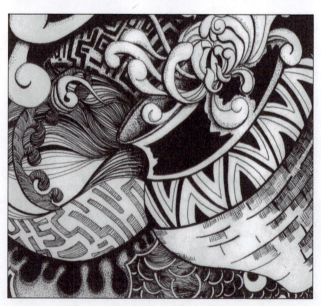

第 3 章 平面构成中的形态

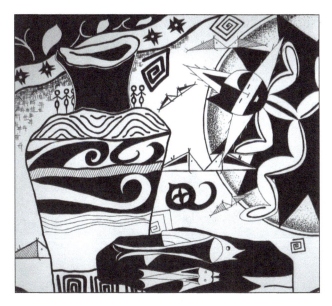
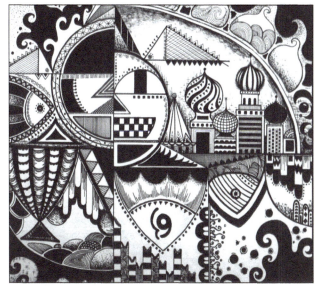
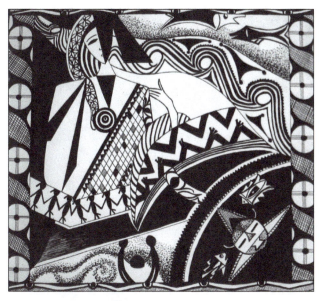
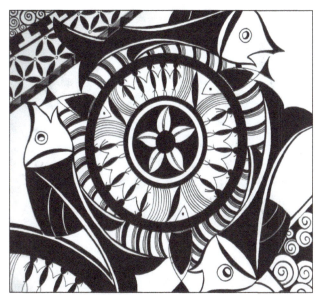
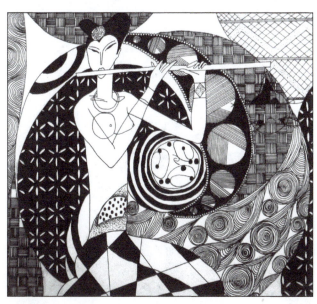
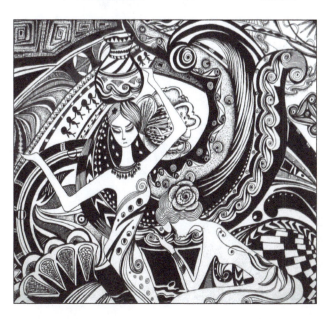

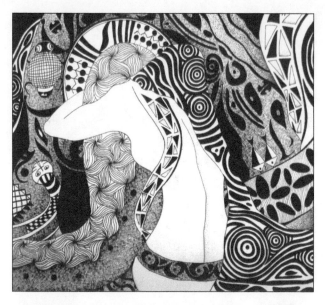
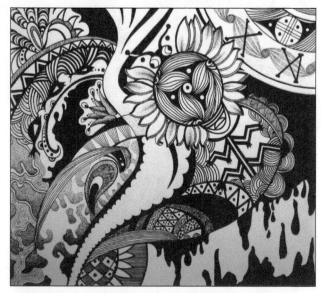
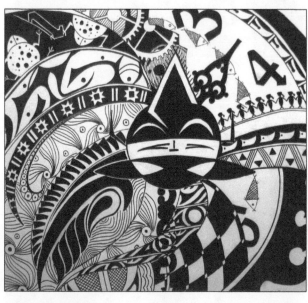
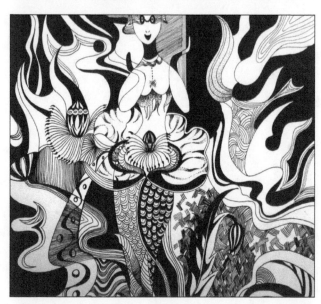
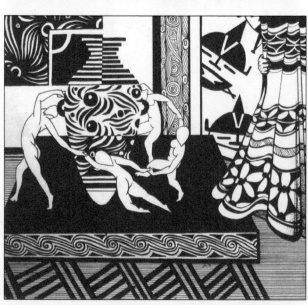
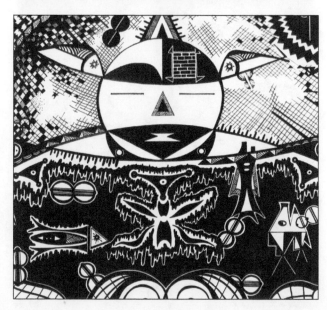

课题5：来自生活的创意构成

课题目标

学习平面构成创作的方法，培养观察意识，从生活中发现并提取创作素材。

课题要求

选择一个自然物，从不同角度对其进行描绘，再从描绘的图形中选择一个进行提炼概括，使之成为一个具有几何化特征的新图形。再用该图形进行平面构成创作。

课题讲解

这个课题包含了从素材选择到写生、变形、创作的全过程。要求学生一要有善于发现的眼睛，能够从身边的事物中发现精彩；二要有很好的造型能力，描绘对象能够做到客观、真实、准确；三要有提炼概括的能力，能从客观物象中抽象出本质；四要有灵活运用的能力，能够驾驭元素，为我所用。

课题示范

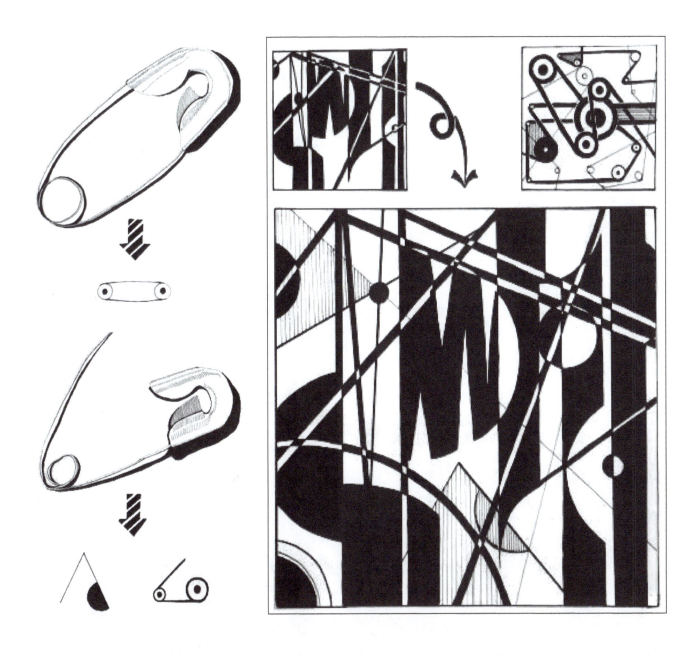

58 平面构成创意与设计（第二版）

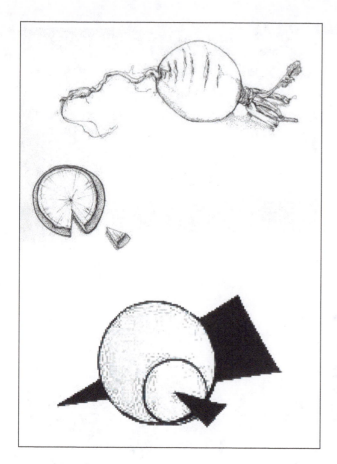
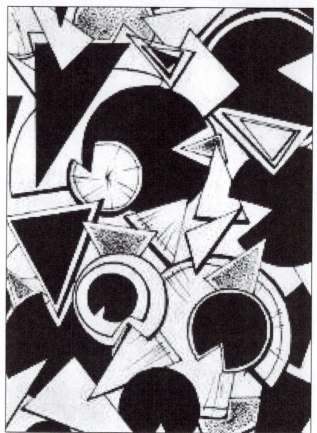
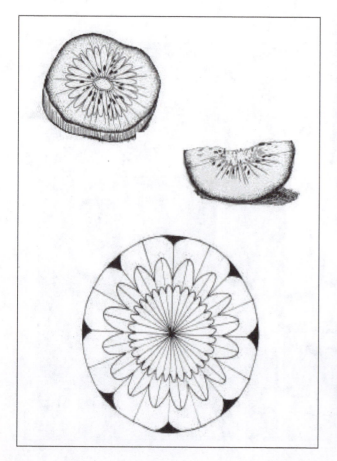
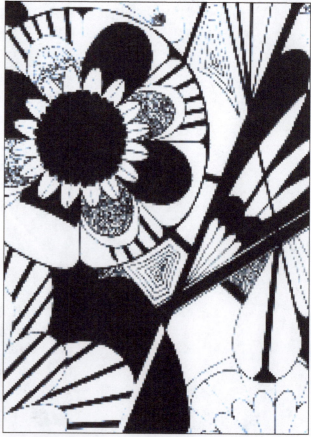

第 3 章 平面构成中的形态　59

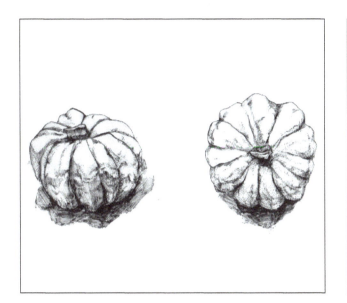

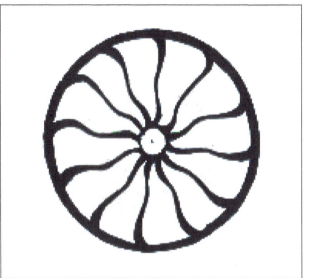

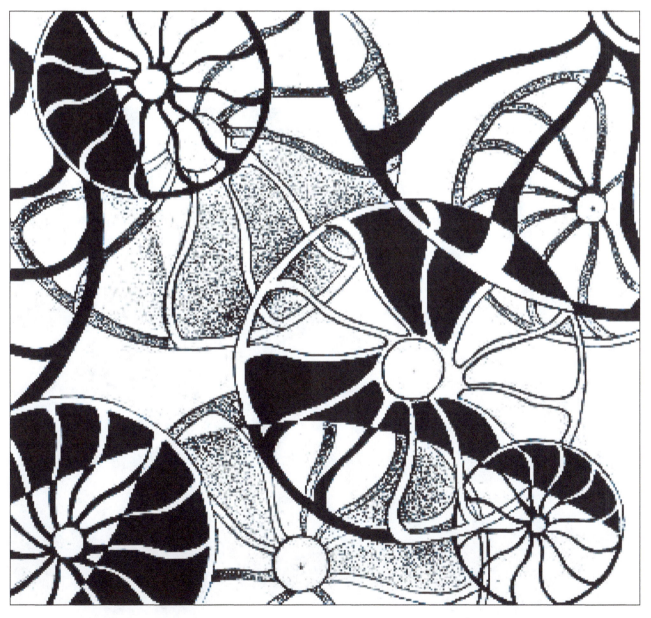

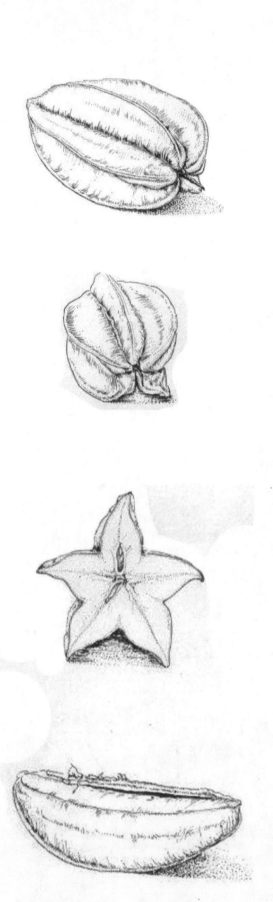
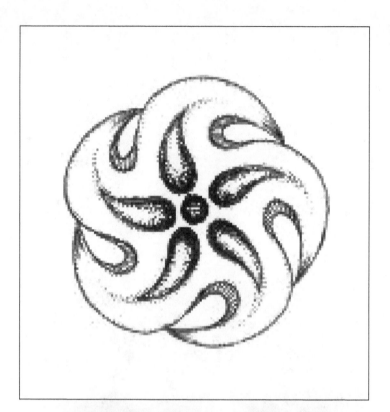
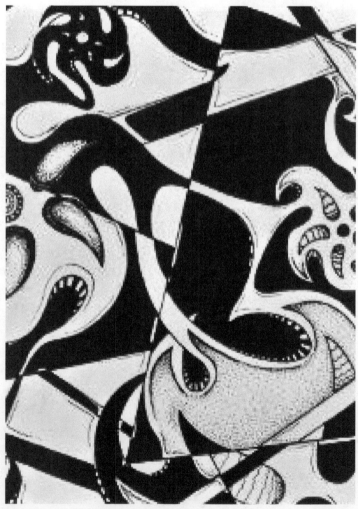

第 3 章　平面构成中的形态　61

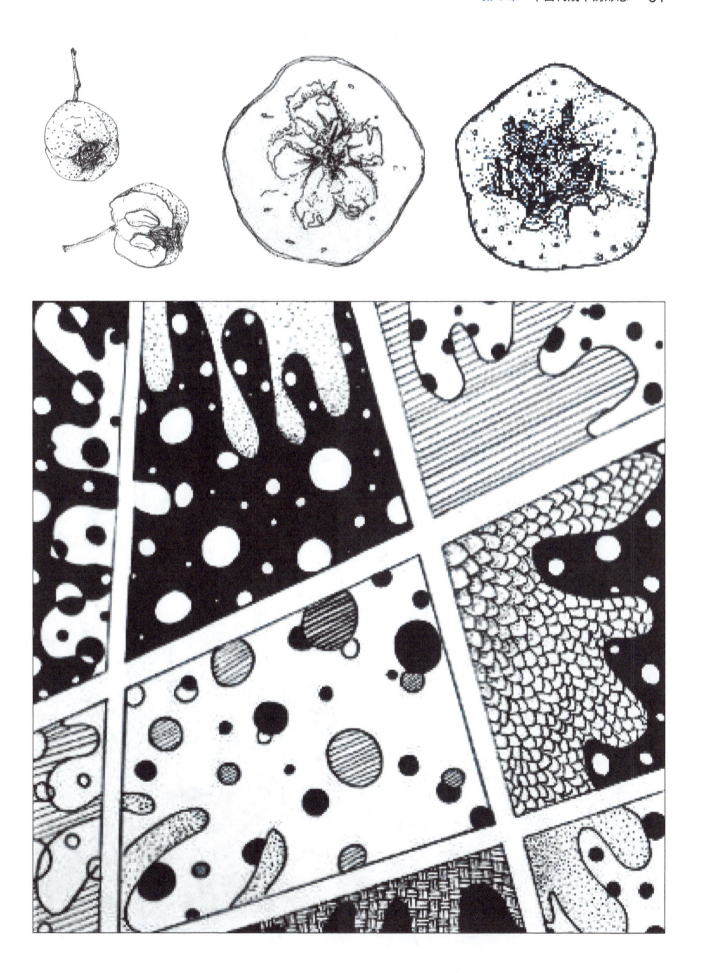

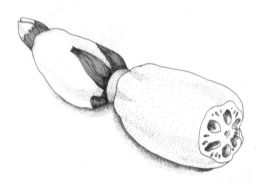
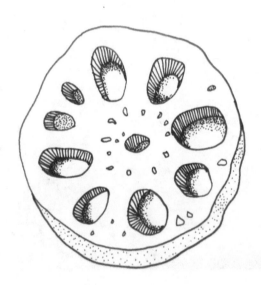
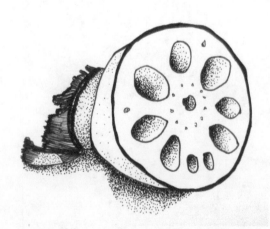
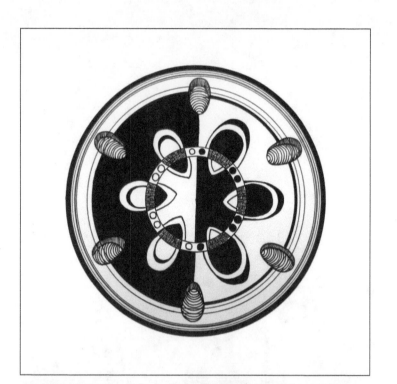
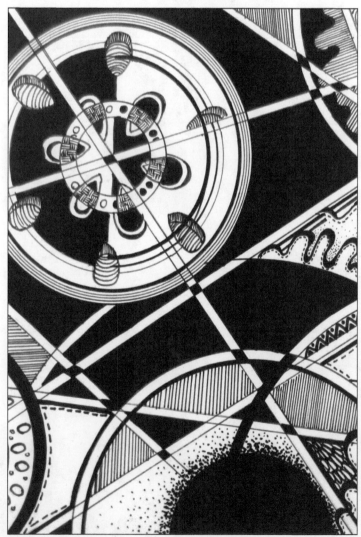

第 3 章　平面构成中的形态　63

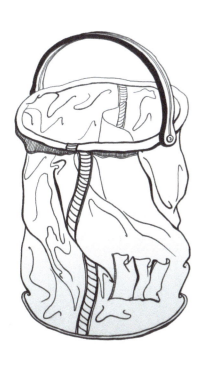
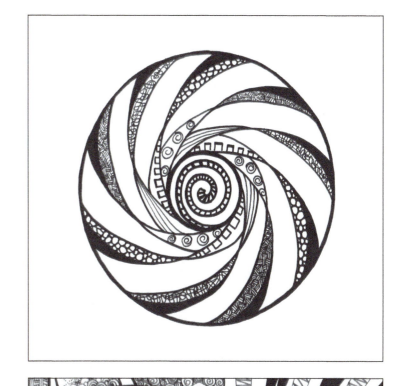
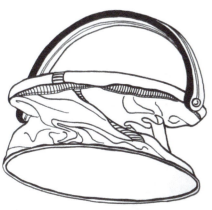
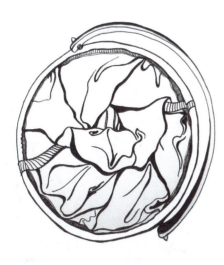
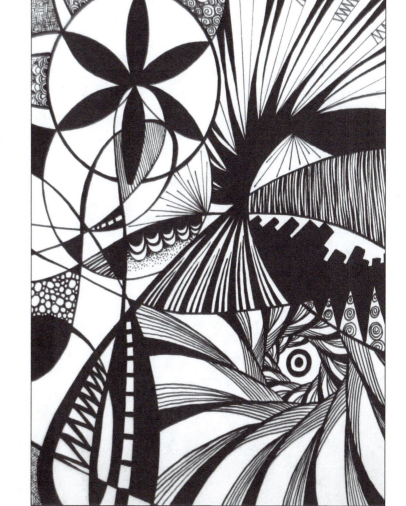

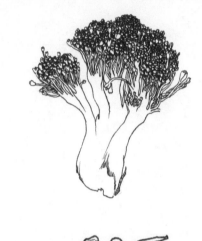
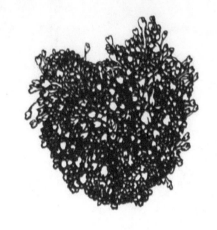
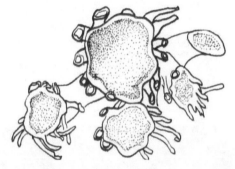
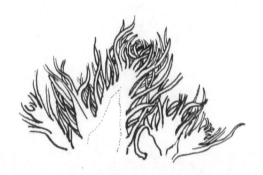
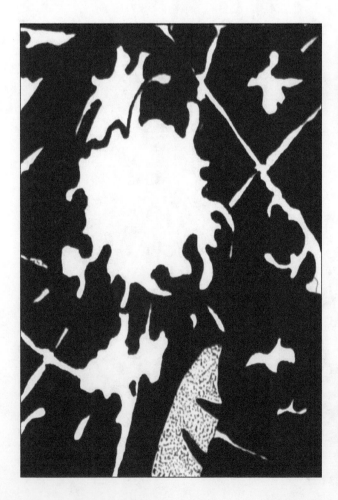
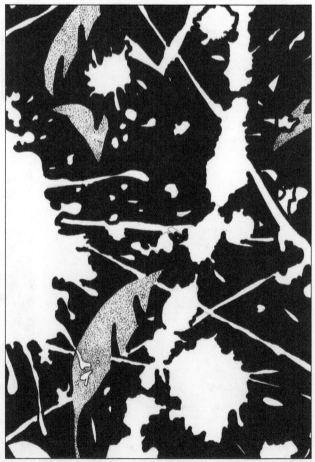

第 4 章 平面构成中的构成方式

4.1 构成概述

在平面构成中,构成即组合。构成研究的是图形与结构之间的配置关系问题。从配置关系的规律性上,可以将其分为规律式构成和非规律式构成两大方式。

规律式构成

规律式构成是指在构成时,各个造型元素的配置具有明确的规律性,设计作品呈现出显著的秩序美,如图4-1所示。这种规律性的产生,通常都是以骨骼框架的规律划分为基础的,因此规律式构成也被称为骨骼构成。

在平面构成中,骨骼是单位形在有限的空间范围内组织形态的框架,它将一个完整的空间划分为若干个区域,对区域内的单位形起着一定的组织和约束的作用,决定了单位形在平面空间中的布局方式。依据它对单位形的限制程度,可以分为作用性骨骼和非作用性骨骼两种形式。

(1) 作用性骨骼

作用性骨骼是指单位形在布局时,必须安置在骨骼线以内,其大小不能超出骨骼线,如图4-2所示。这种构成形式限制了单位形面积大小中的最大值。其特点是单位形独立、清晰,造型特征不被破坏。

(2) 非作用性骨骼

非作用性骨骼是指单位形布局在骨骼线的交叉点上。这个交叉点限定了单位形的位置,但是不限制其大小。因此,这种构成形式往往会出现单位形的重叠交叉,这种交叉形式的出现,丰富了单位形的造型,使画面更具视觉变化和空间层次。

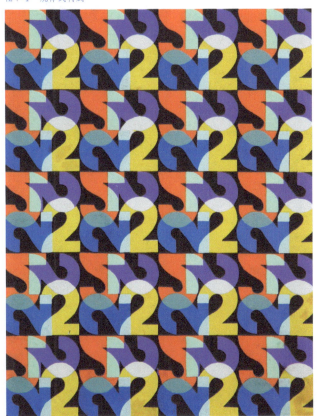

图4-1 规律式构成

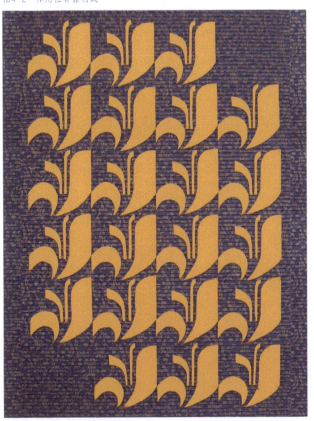

图4-2 作用性骨骼构成

非规律式构成

非规律式构成是指在构成时，各个造型元素完全按照设计者的主观意愿自由配置，不受任何规律性关系的束缚，作品不见骨骼特，也称为自由构成，如图4-3所示。

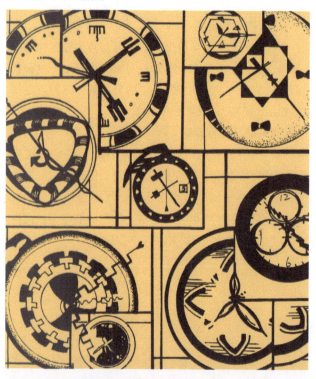

图4-3(a) 非规律式构成

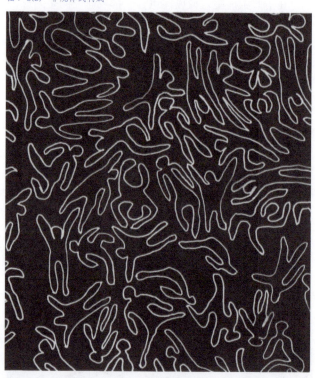

图4-3(b) 非规律式构成

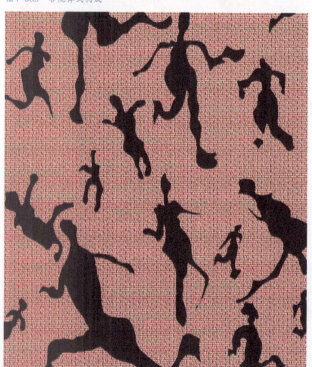

图4-3(c) 非规律式构成

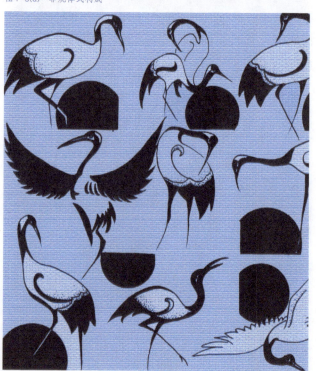

图4-3(d) 非规律式构成

4.2 构成方式

骨骼构成

在平面构成中，骨骼构成是规律式构成产生的基础，它是以规律性为特征的。常见的骨骼构成形式有：90°横向、90°纵向、90°网格交叉；45°斜向、45°网格交叉；发射型骨骼；回字形骨骼等。骨骼线在保持规律性的前提下，自由发挥拓展，可以产生千变万化的骨骼线构成形式。图4-4是在基本骨骼构成的基础上，进行变异、拓展的构成形式。

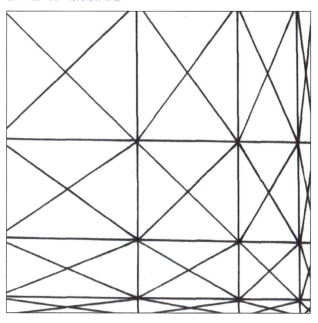

图4-4(a) 90°交叉变异骨骼

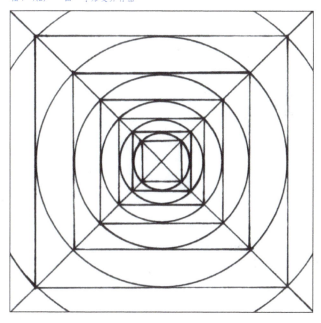

图4-4(b) "回"字形变异骨骼

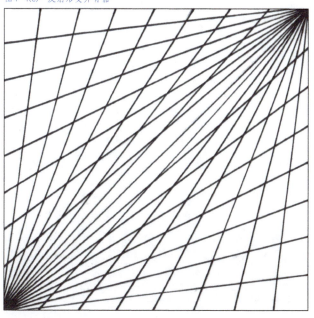

图4-4(c) 发射形变异骨骼

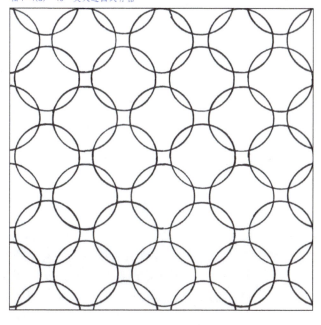

图4-4(d) 45°交叉连圆式骨骼

重复构成

在平面构成中，重复构成是建立在骨骼重复的基础上的。单位形在重复的骨骼形式中反复出现的构成方式，称之为重复构成，如图4-5所示。由于相同造型元素的多次出现，使得设计作品极具统一性和秩序感，具有整齐划一的美。但是过度的统一和秩序也会显得呆板和单调，因此，在构成中要尽量在单位形上寻求变化，以克服这种构成形式自身的不足。

近似构成

在平面构成中，近似构成是指单位形或骨骼线在重复的基础上，在局部施以不同程度的改变（变异、添加或删减），如图4-6所示。这是一种同中有异、相似而不相同的构成形式。这种构成形式既较好地保持了设计作品的一致特征，又因为局部和细节上的微小变化，而使设计作品更具丰富性，突破了重复构成的单调感。但要注意的是，局部的改变不能做得太多、太过，否则画面的整体感将遭到破坏。

图4-5(a)、(b) 重复构成

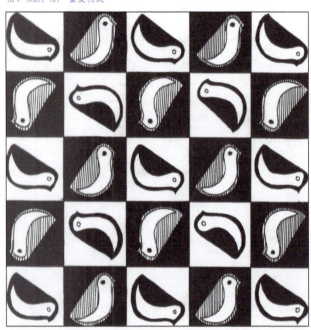

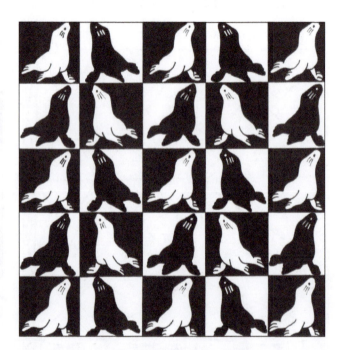

图4-6(a)、(b) 近似构成

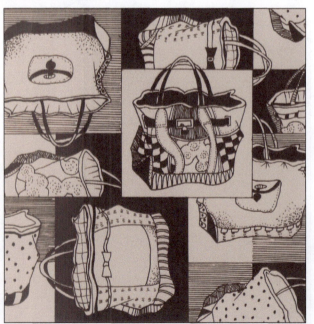

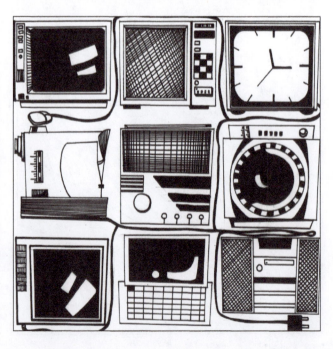

渐变构成

在平面构成中，将单位形或骨骼线做有规律的、渐进性变化的构成形式就是渐变构成。比如在形的大小和宽窄、方向的稳定与倾斜、位置的左右与前后、形态的曲直与虚实、色调的寒暖与明暗等方面做渐进变化，如图4-7所示。这种构成形式规律性地展现了变化的过程，它非常符合自然事物发展的客观规律，因此通常会引起人们心理上的共鸣。需要注意的是，在设计中要把渐变的过程做得均匀而自然，避免出现突然的跳跃，否则，作品的律动感将得不到有效地体现。

发射构成

在平面构成中，将单位形或骨骼线围绕一个或多个中心点（亦称发射点），向中心或向四周做方向明确的规律性运动的构成形式就是发射构成。依据其不同的运动方向，可以分为离心式发射、向心式发射和同心式发射三种形式。

离心式发射是指单位形从中心点（发射点）开始，向四周做发散运动的构成形式，它表现了由聚到散的运动变化过程，如图4-8（a）所示。

向心式发射是指单位形从四周向中心点做聚拢运动的构成形式，它表现了由散到聚的运动变化过程，如图4-8（b）所示。

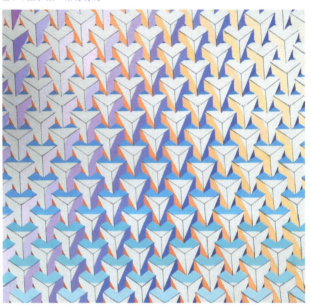

图4-7(a)、(b) 渐变构成

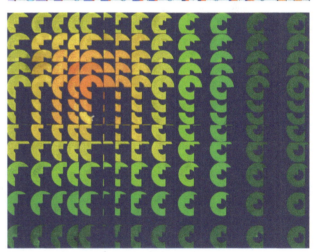

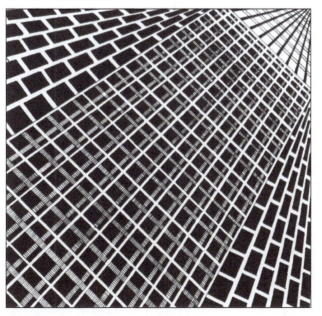

图4-8(a) 离心式发射构成

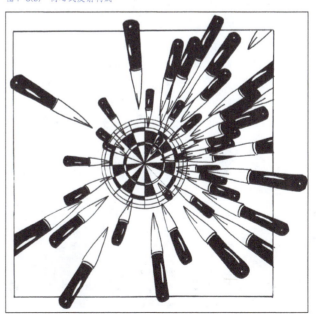

图4-8(b) 向心式发射构成

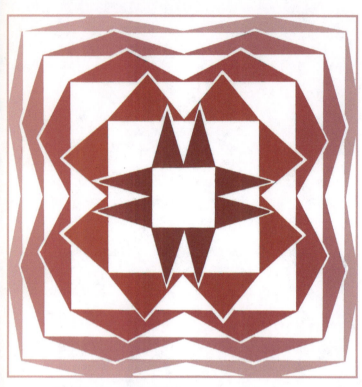

图4-8(c)、(d) 同心式发射构成

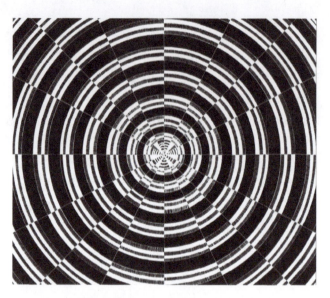

同心式发射是指单位形围绕中心点，呈"回"字形一圈一圈地向外逐渐扩散的构成形式，如图4-8（c、d）所示。比如，水面上逐渐扩散的涟漪就体现了这种构成形式。

对比构成

在平面构成中，对比构成是指将性质相异甚至相悖的设计元素组织起来，在保证画面和谐的情况下，进行最大可能对立组合的构成形式。由于矛盾与冲突在画面中形成了强烈的对比，给人以醒目、强烈、活泼的视觉感受。这些对比元素可以表现在形状、大小、方向、位置、明暗、虚实、疏密、色彩和肌理等方面。图4-9（a）表现的是大与小的对比，图4-9（b）是在设计内容上进行了传统与现代的对比，表现了时间的跨度。

图4-9(a)、(b) 对比构成构成

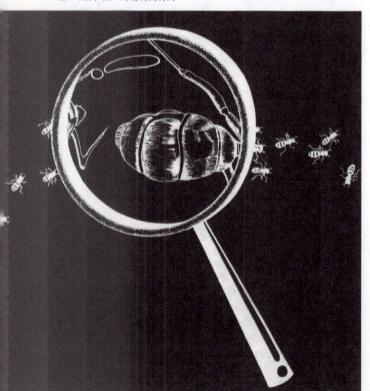

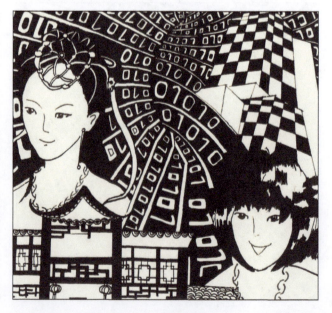

特异构成

在平面构成中，特异构成是建立在规律构成的基础上的。单位形或构成骨骼在做规律构成的前提下，在个体或局部进行突然的改变，打破了原本秩序、规律的构成形式的构成方法。在设计中要注意对特异部分的量的控制，少数和多数的对比是特异构成的设计原则。

依据特异的部位，可以将特异构成分为单位形特异和骨骼特异两种形式。

单位形特异是指在骨骼保持不变的情况下，个别单位形在整齐一致的重复中，做出突然地改变。这种改变往往表现在形状、大小、方向、位置、明暗、色彩等方面，如图4-10（a）所示。

骨骼特异是指出现在骨骼线上的特异变化形式。它往往表现在骨骼线形上的变化、骨骼方向上的变化、骨骼位置上的变化和骨骼规律上的变化等。图4-10（b）是在骨骼线形、位置和色彩三个方面，都进行了特异的处理，从而使特异的部分更为突出。

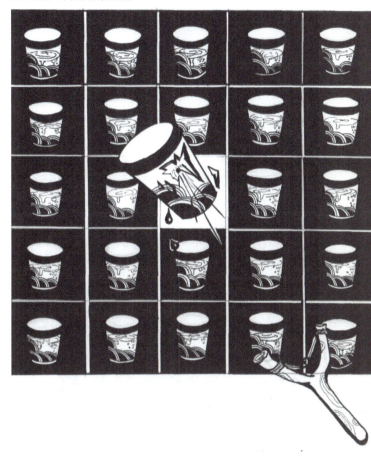

图4-10(a) 单位形的特异构成

形变构成

在平面构成中，形变与渐变有本质上的不同，渐变是指一个形的变化，不论是渐长渐短、渐大渐小、渐方渐圆，最终还是那个形。而形变是建立在两个形的基础上，是由一个形逐渐转变为另外一个形的构成形式，其最终的结果已看不出转变之前形态的特征。这种构成形式在两个形态的选择上可以从"形"，也可以从"意"上来考虑。设计原则是形的转化要自然、流畅、合理，避免生硬。图4-11表现了从文字到具象图形的转化过程。

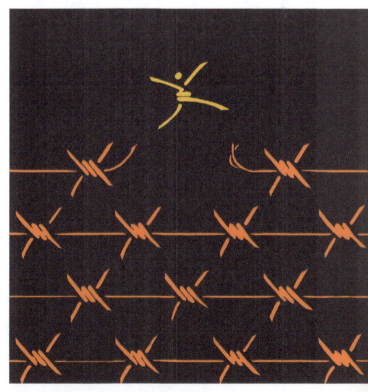

图4-10(b) 骨骼线形以及位置的特异构成

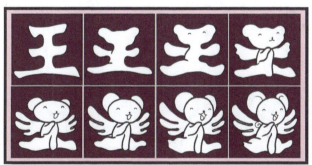

图4-11 形变构成

图4-12(a)、(b) 结集构成

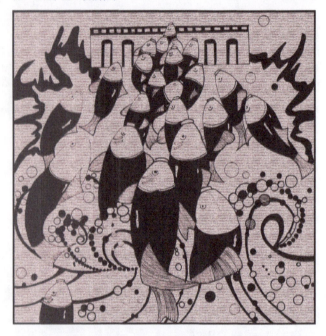

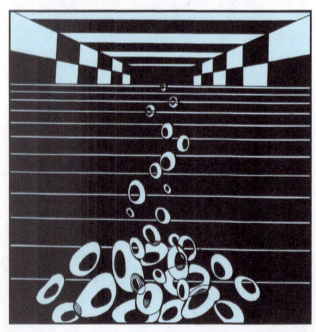

结集构成

在平面构成中，结集构成是指构成元素在空间布局上，形成有一定聚散和疏密变化的构成形式，如图4-12所示。它以单位形面积的大小、数量的多少、密集与疏朗的关系，有目的地组织画面，最终形成中心结集、自由结集等结集形式。这种构成形式让画面形成明确的主次和虚实关系，正基于此，尤其要注意画面的平衡感和稳定性。

空间构成

在平面构成中，三维空间的出现是依赖于透视方法而产生的，它是利用透视上的视点与灭点而产生的视觉性三维空间，如图4-13所示。这种视觉性的空间虽然不如现实生活中的三维空间来的真实立体，但是却给艺术创作者提供了真实三维空间所不能企及的发挥余地，比如利用多个视点和灭点构成的矛盾空间和音叉错视等，就是无法用三维建模的形式表达出来的趣味空间。

正负形构成

在平面构成中，如果把我们所画的部分称为正形的话，那么，它的周围空地就是负形。将正形与负形有效地应用于构形的构成形式就是正负形构成，如图4-14所示。正形与负形是平面构成中不可分割的一对孪生姐妹，二者相互依存、相互影响、共同构形。图地互换是正负形构成的一种极致形式，如图4-15所示。

图4-13 空间构成

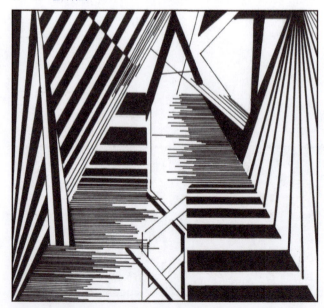

图4-14(a) 正负形构成，蜗牛

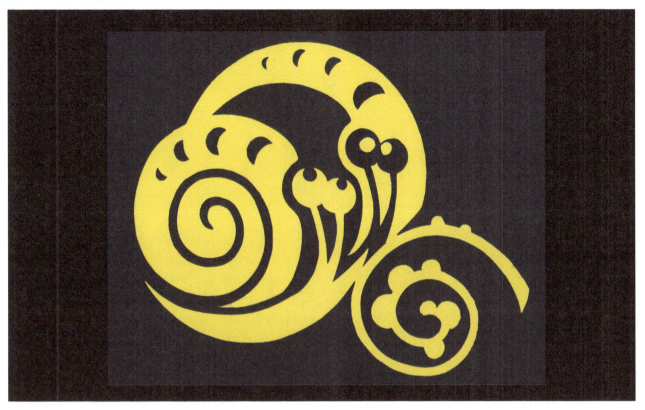

图4-14(b) 正负形构成，松鼠

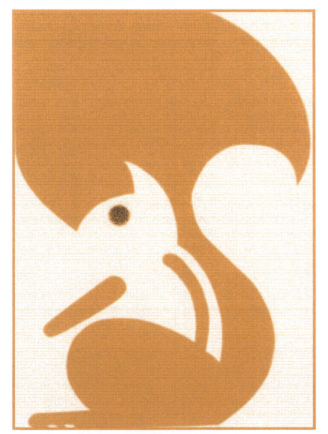

图4-15 地图互换

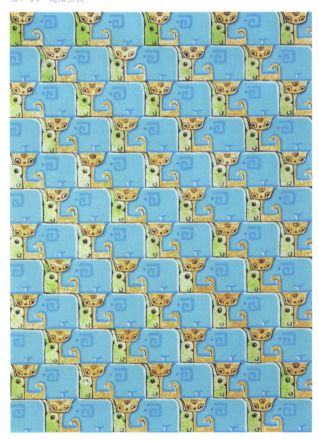

本章设计课题

课题1：骨骼构成

课题目标

在骨骼构成这个知识点中，我们设计了变化骨骼构成、重复构成、近似构成、渐变构成、特异构成和发射构成共六个训练课题。骨骼构成属于规律性构成，不论是有作用性还是无作用性的骨骼，都会将构成元素有规律地组织起来，形成规则、秩序、整体的画面。骨骼构成因骨骼的有序变化，也呈现出明显的数理特征。通过这些课题的训练，明确骨骼构成的特点和形式，以及他们的设计要点和难点。努力将变化、统一、条理、反复、静止、运动、节奏、韵律、比例等形式规律应用于实践，化理论为实际，提高设计能力。

课题训练1：变化骨骼构成

课题要求

在90°横向、纵向和网格，45°斜向和网格，回字形和发射形基本骨骼线的基础上，进行规律性的变化构成。

课题讲解

骨骼构成课题中的所有训练题目，都离不开骨骼的因素，尤其是渐变和发射构成，更是在骨骼的变化下完成的，因此学会设计有变化的骨骼，对进一步学习骨骼构成是非常重要的。

课题示范

课题训练2：重复构成

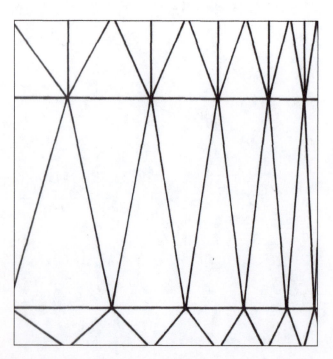

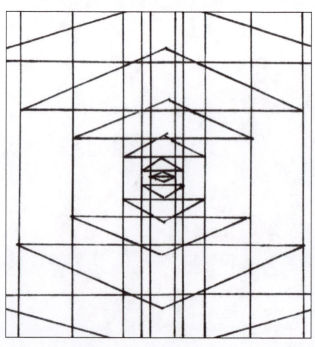

第 4 章 平面构成中的构成方式

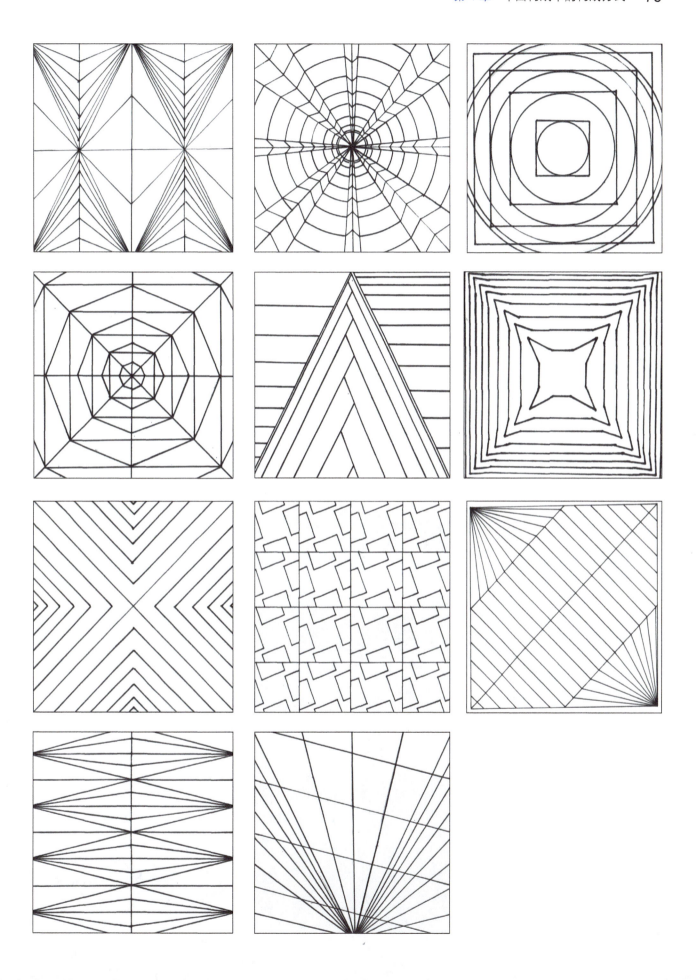

课题要求

骨骼线规整严谨，单位形造型饱满，层次丰富，富有变化。作品具有较强的整体感。

课题讲解

在骨骼重复的前提下，将事先设计的单位形放置在各个骨骼线中，或是骨骼线的交叉点上。为避免单调，单位形在放置时可以作方向、色彩、正负形等规律性的变化。另外，单位形在设计时，可以用线条排列或点绘的方式，安排一些灰色的块面，以增加画面的层次，丰富作品的视觉效果。

课题示范

课题训练3：近似构成

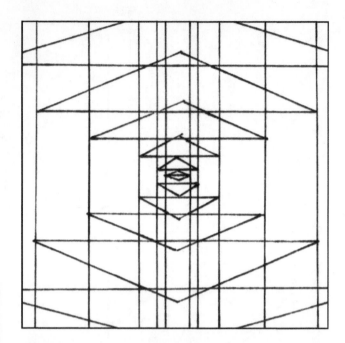

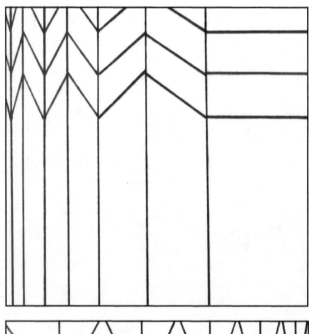

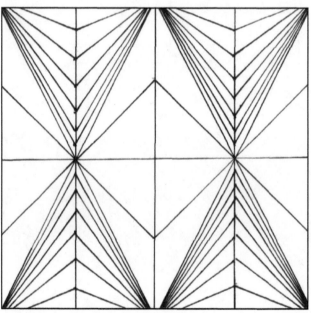

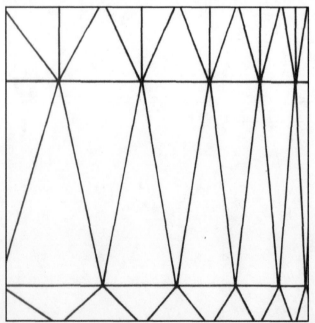

第 4 章 平面构成中的构成方式 77

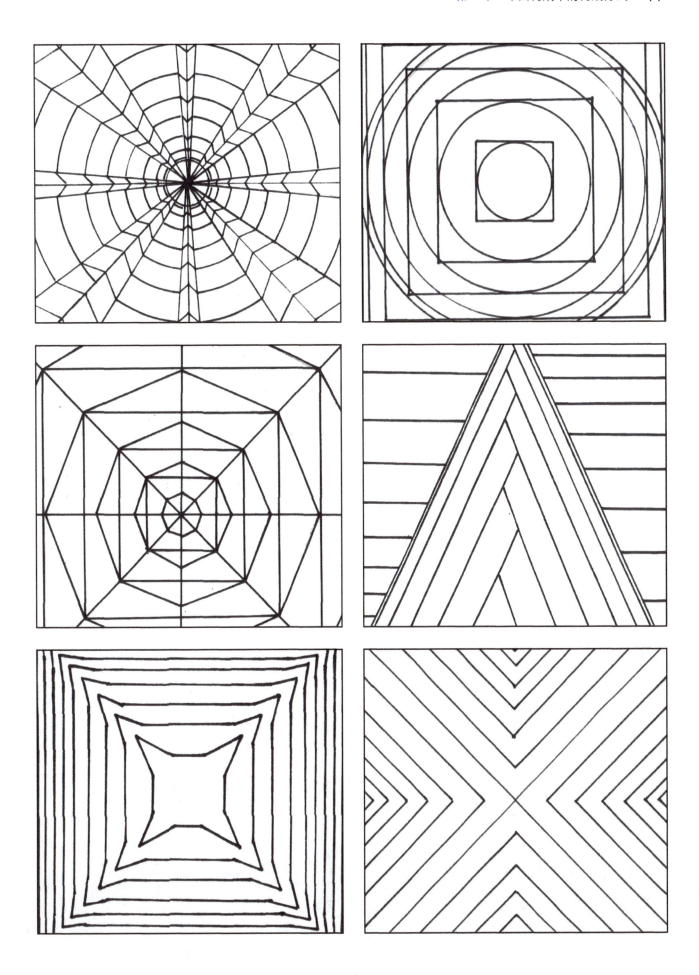

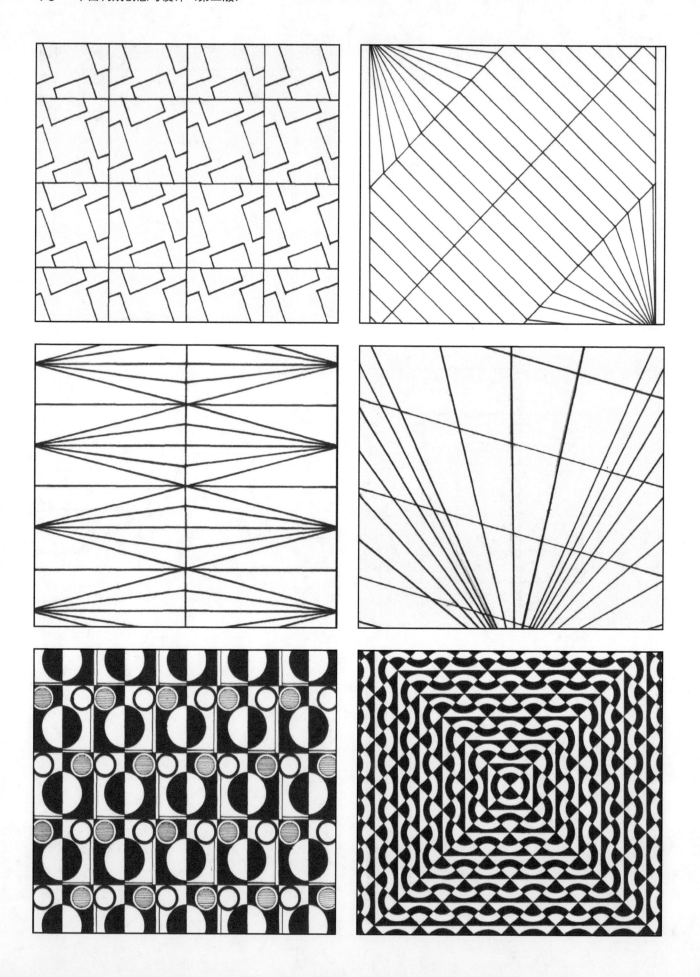

第 4 章 平面构成中的构成方式 79

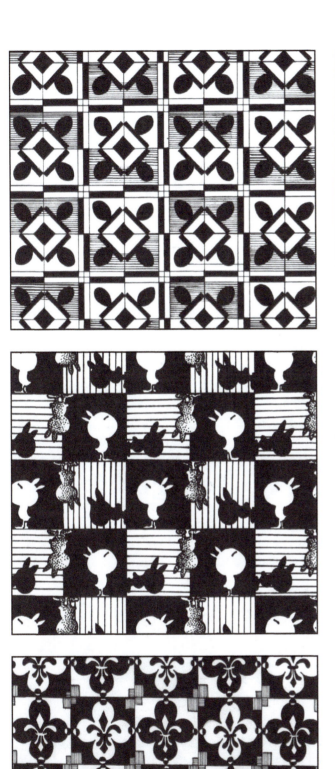
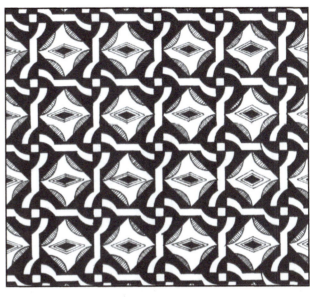
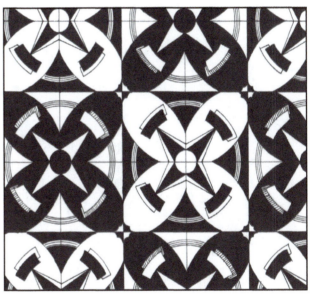
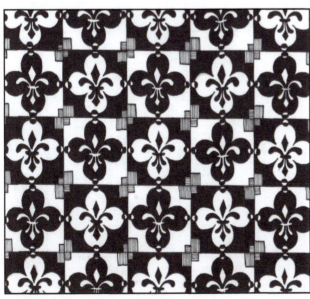

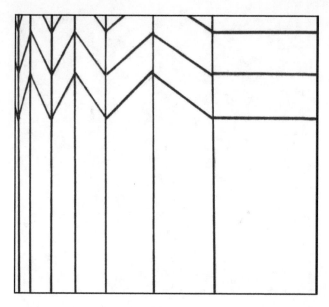

课题要求

单位形造型优美，层次丰富，变化有度，不能破坏作品的整体感。

课题讲解

近似构成包含单位形近似和骨骼线近似两个方面，在设计中，可以从这两个方面入手。这是一种相似而不相同的构成，不论是哪种形式，都要注意把握变化的"度"，不能破坏了它们共同的特征。

课题示范

课题训练4：渐变构成

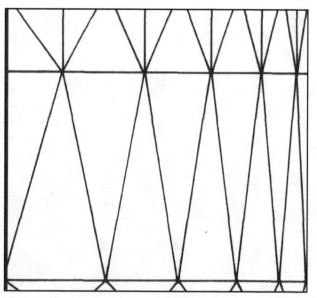

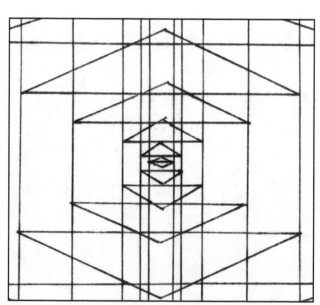

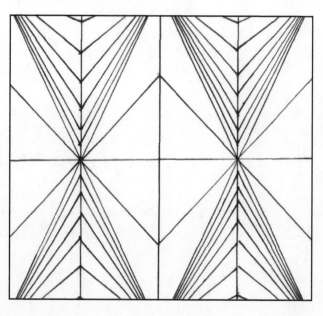

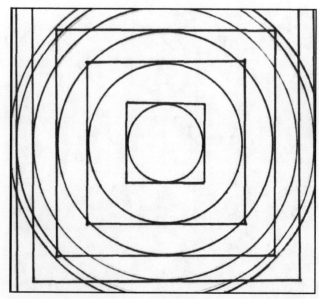

第 4 章 平面构成中的构成方式

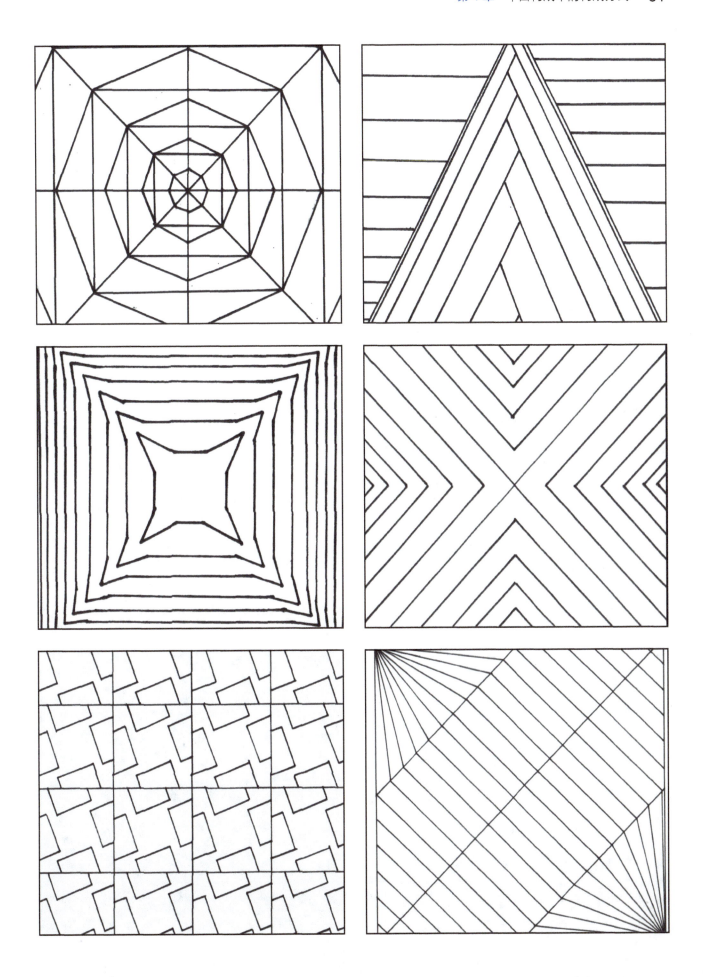

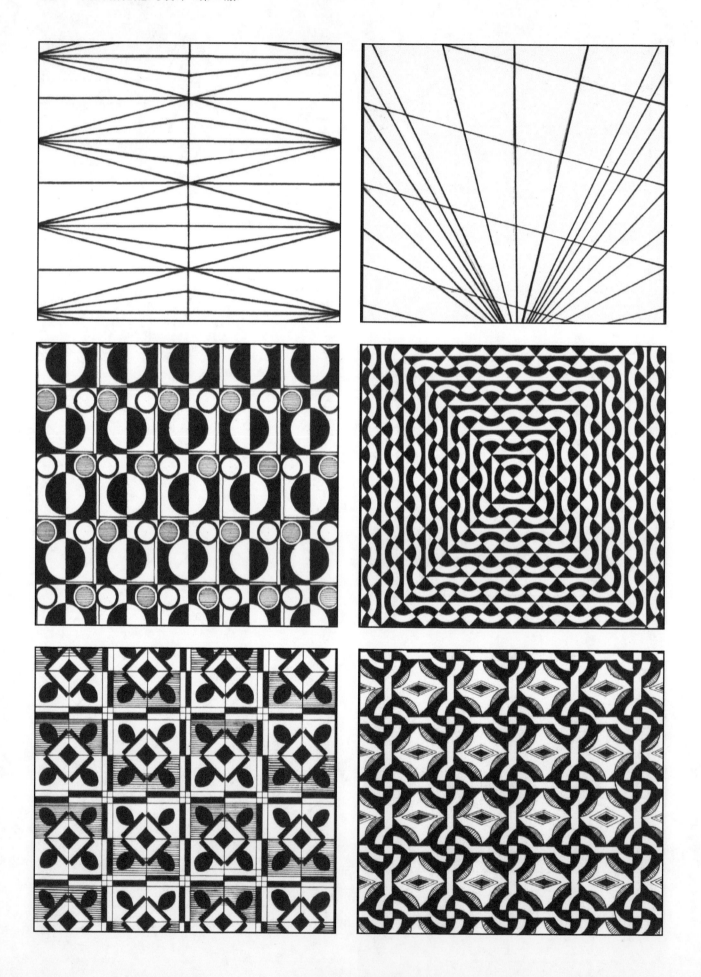

第4章 平面构成中的构成方式 83

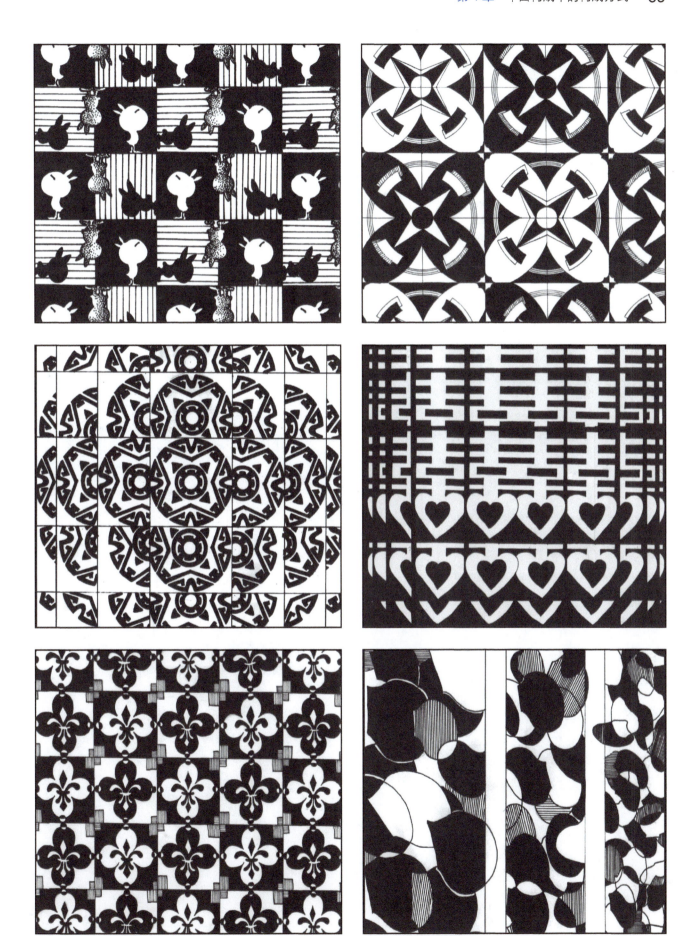

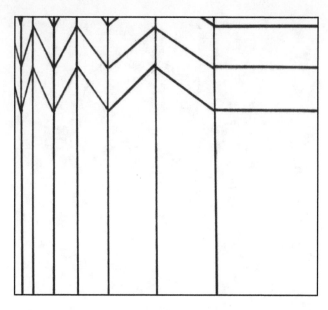

课题要求

把握好变化的节奏，力求均匀自然。

课题讲解

渐变构成是以重复构成为基础的，它包含骨骼渐变和基本形渐变两个方面。既是渐变，就要注意变化要渐次、有序，让作品体现出律动美。

课题示范

课题训练5：特异构成

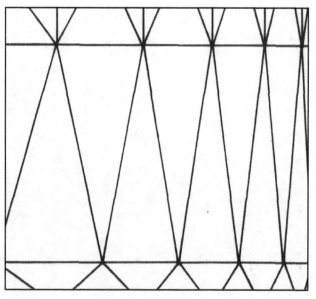

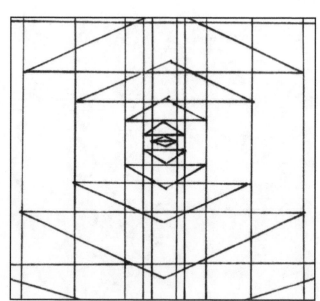

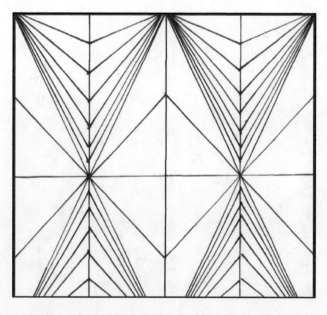

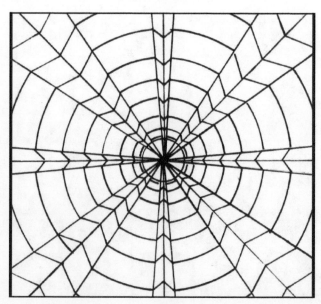

第 4 章 平面构成中的构成方式　85

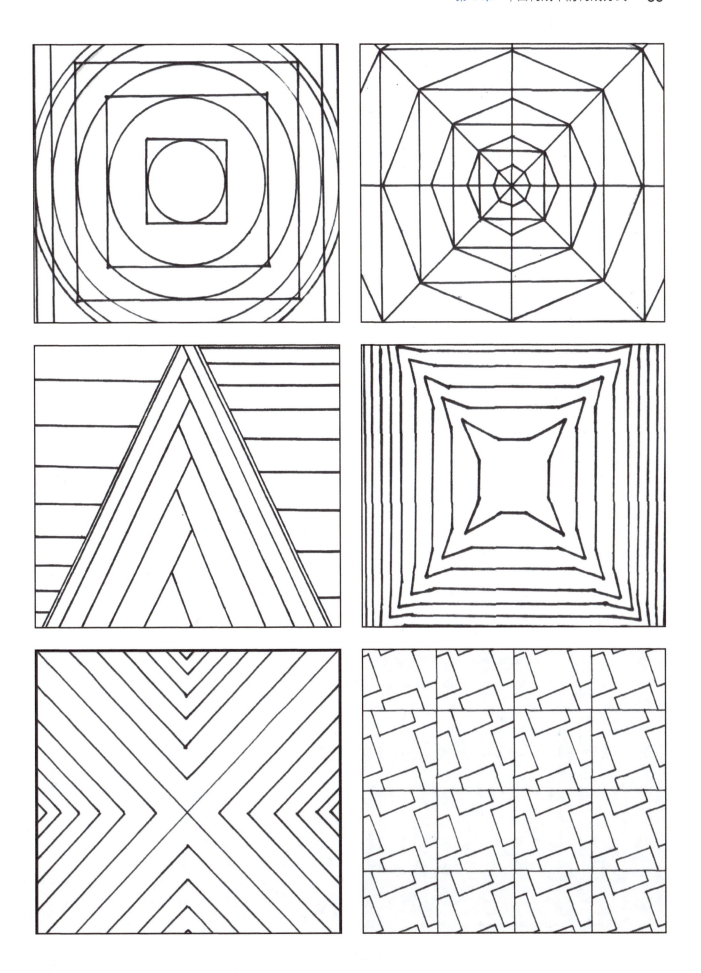

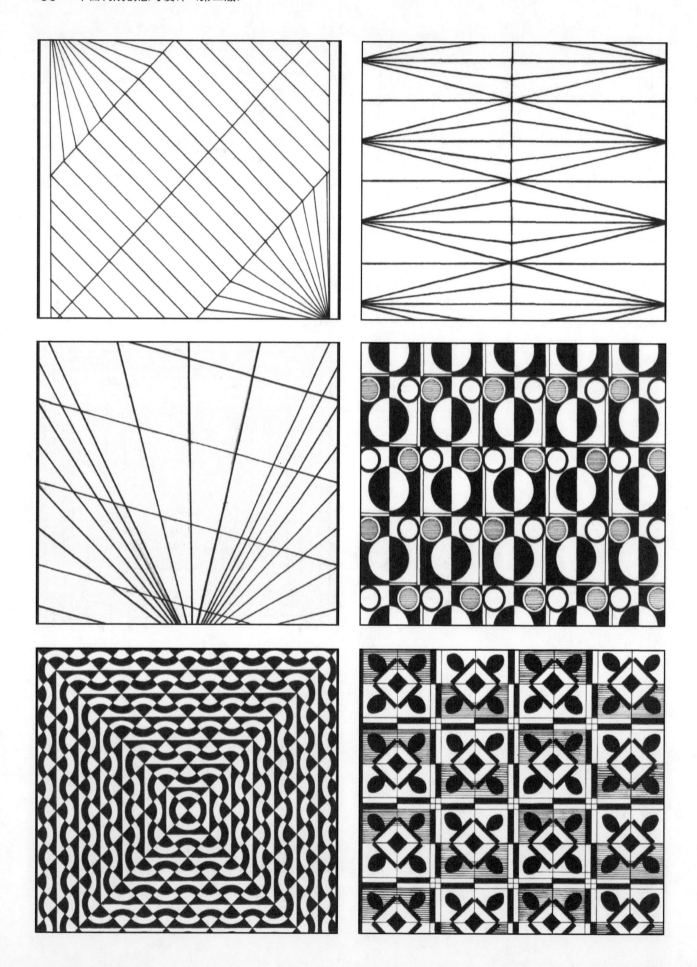

第 4 章　平面构成中的构成方式　87

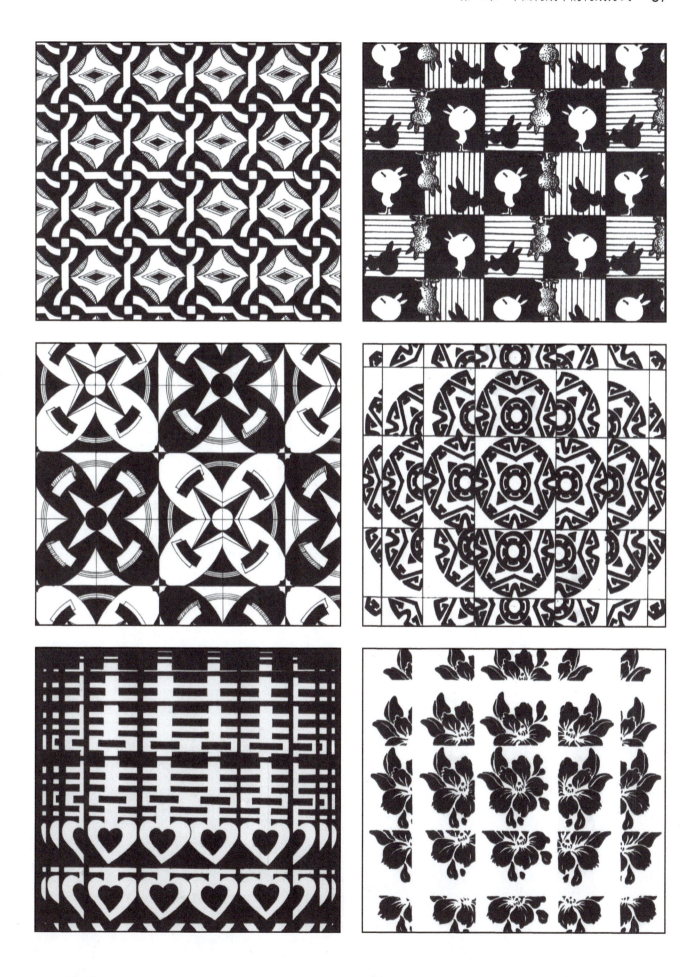

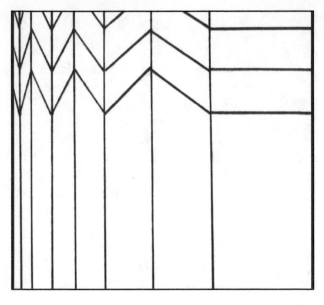

课题要求

注意作品中特异的位置不能太偏或过于集中。特异部分所占作品整体面积的比例要适当。在作品中,用于特异的点也不能太多,否则就失去特异的意义了。

课题讲解

特异构成是建立在重复、渐变等规律性构成的基础上的,它在人们的视觉经验已经形成定式的情况下,突然在某个局部实施了变异。由于这一点打破了视觉常规,它的"格格不入"一下子就能抓住观赏者的眼球,在画面中形成视觉焦点。同时,它也突破了规律性构成单调一致的弱点,让作品焕发生机。

课题示范

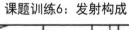

课题训练6:发射构成

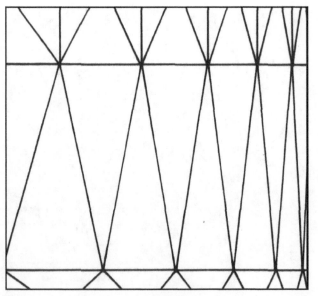
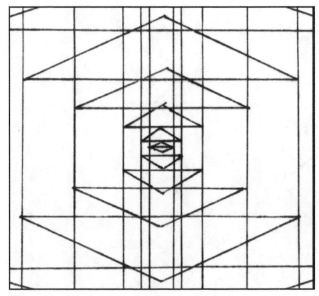
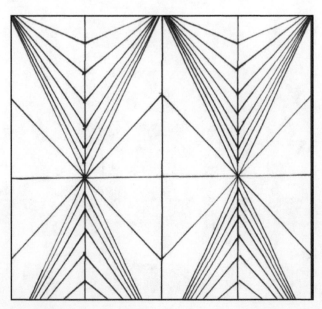
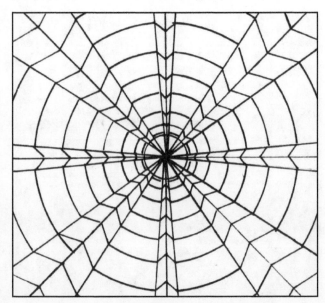

第4章 平面构成中的构成方式 89

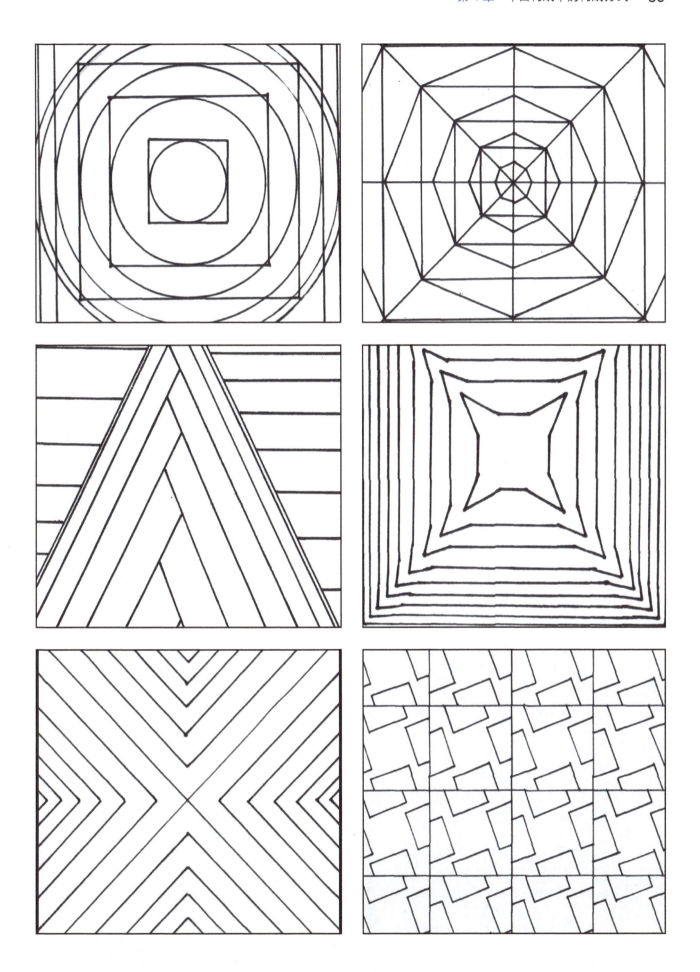

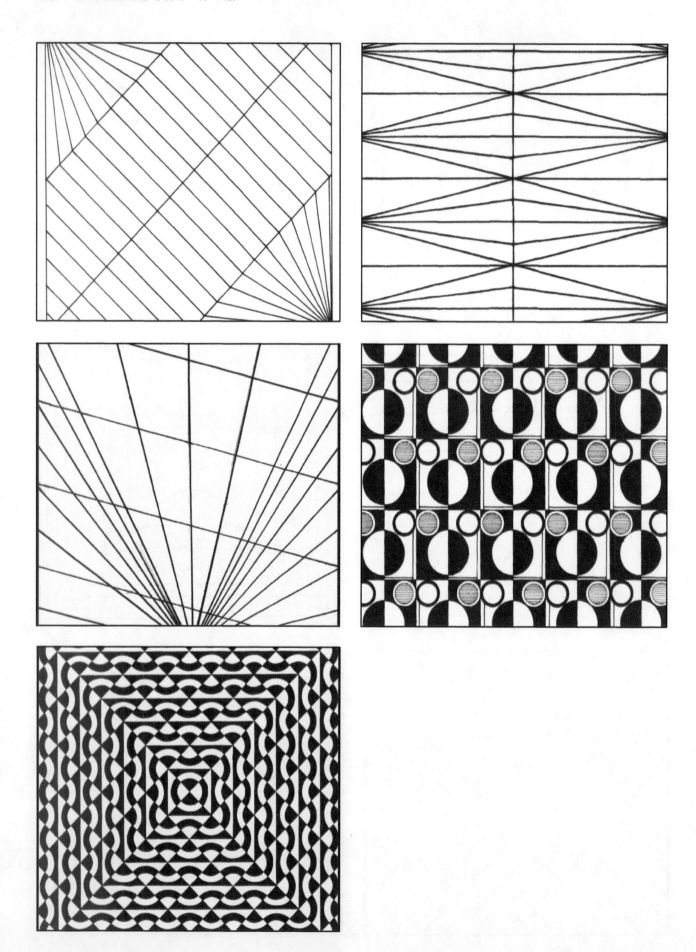

课题要求

发射构成是富有运动感和空间感的构成形式,因此,在构成中,要让作品瞬间发射的爆发力得以体现,也要通过发射线的形式将空间深度感较好地表现出来。

课题讲解

发射构成包含向心式发射、离心式发射和同心式发射三种形式,要根据具体的单位形灵活运用这三种构成形式,力求单位形与骨骼形式的完美结合。

课题示范

课题2:自由构成

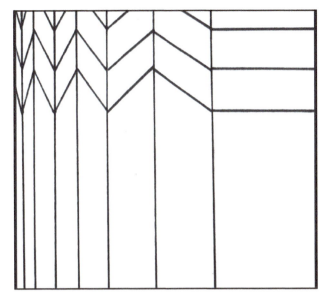

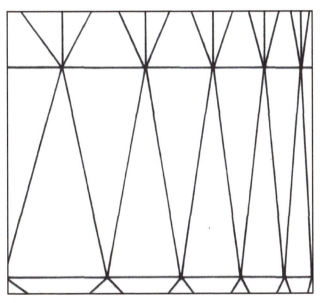

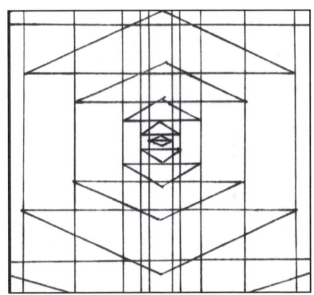

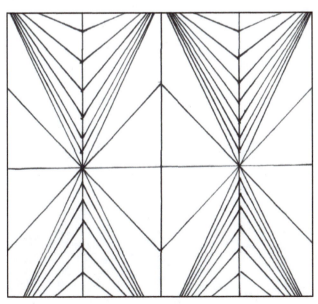

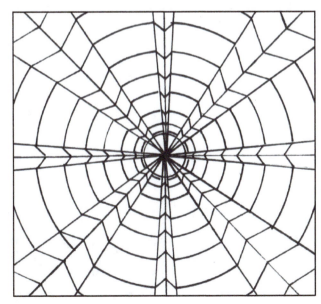

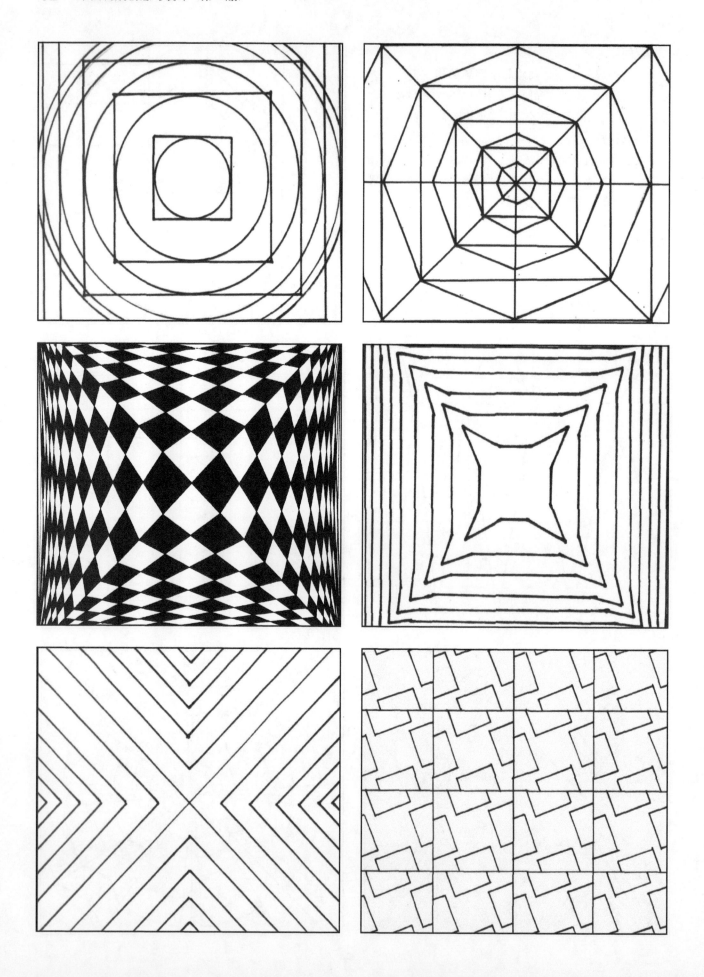

第 4 章 平面构成中的构成方式   93

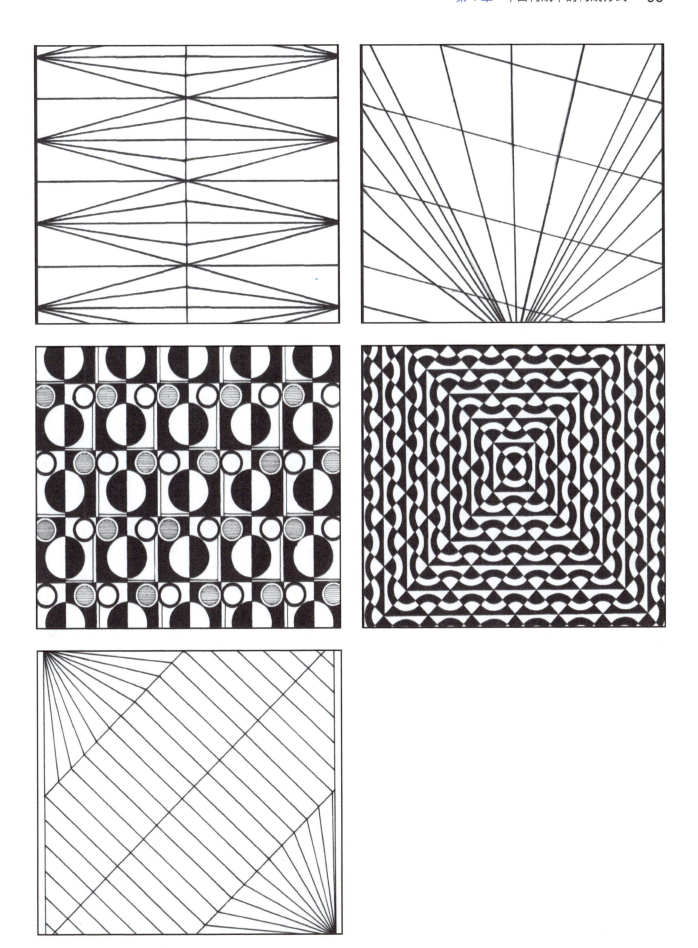

课题目标

在自由构成知识点中，我们共设计了对比构成、形变构成、结集构成、正负形构成四个训练课题。由于自由构成失去了骨骼框架的限制，因此，构图就成了设计中的重点之一，尤其是对比构成和结集构成，可以说，有了恰当的构图，作品就成功了一半。除却构图问题，构思更是设计的重中之重，这在形变构成和正负形构成中表现得尤为突出，巧妙地构思与构成是作品成功的关键。从构图和构思的角度来看，自由构成的设计难度远远大于骨骼构成，它给学生自由创造的空间很大，学生的设计能力、审美能力、表现能力在这里都会显现出来。因此，在设计实践的过程中，要围绕形式规律，化理论知识为设计能力，活学活用。

课题训练1：对比构成

课题要求

构图稳定，对比适度，层次丰富，和谐统一。

课题讲解

在构成中，对比无处不在，既是对比构成，当是强调最大可能的对比。这些对比体现在很多方面，比如形态的大小、线形的曲直、方向的变化、位置的差异、正负形的对比、形式的聚散、内容的对立等。值得注意的是，作品的对比是为了达到一定的设计目的，其最终的结果不能影响到作品的和谐统一。因此，这里的对比应是在保证作品和谐前提下的最大可能对比，否则，影响了画面的整体效果，就是对作品的破坏了。

课题示范

课题训练2：形变构成

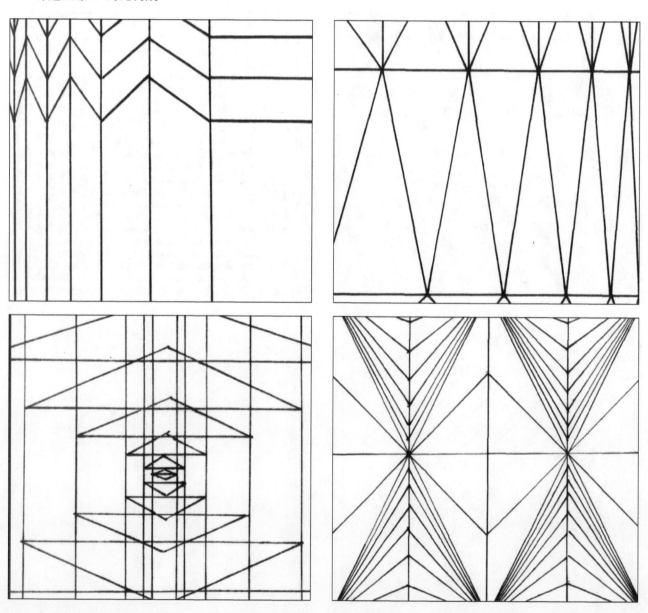

第 4 章 平面构成中的构成方式

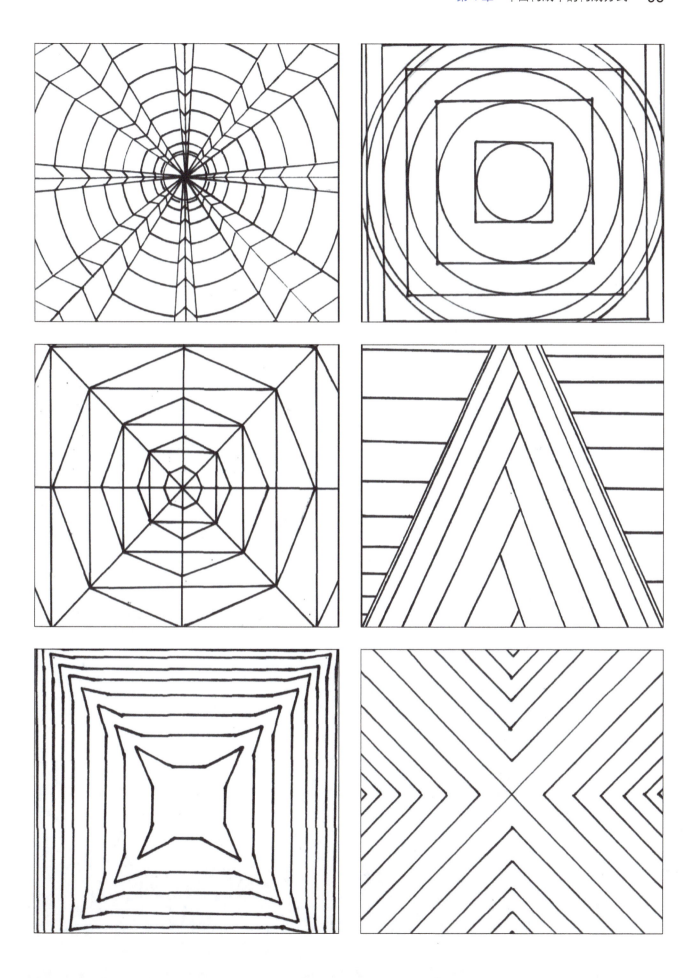

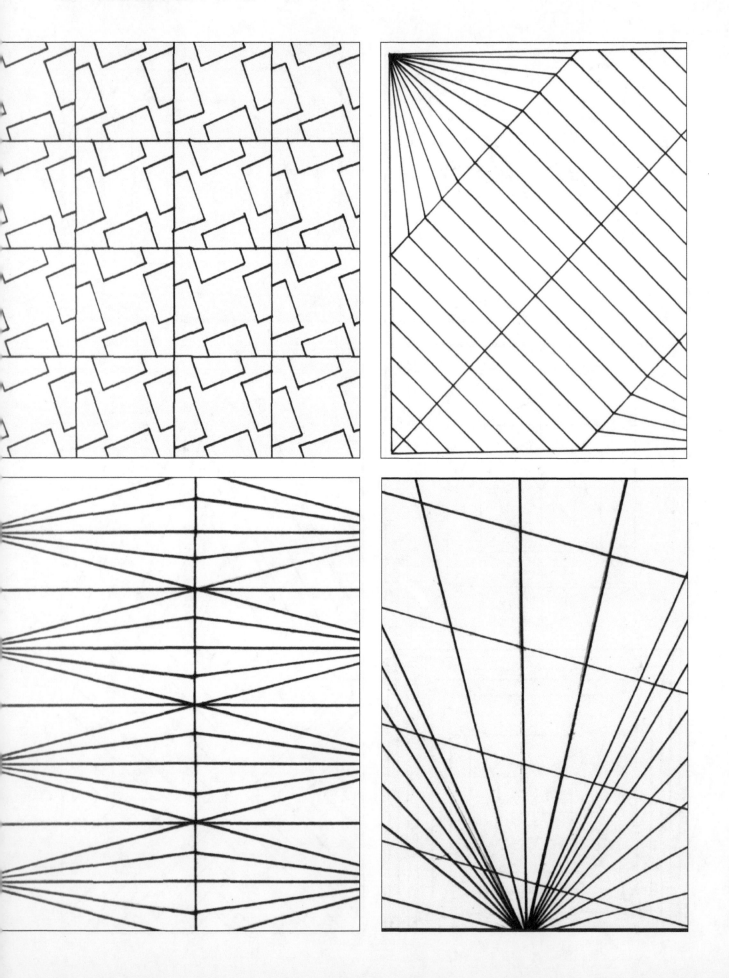

课题要求

进行形变的两个图形要造型准确。形变的过程要均匀、自然、流畅、合理。每一个形变的过程都是一幅完整的图形,要保证形变过程的形式美感。

课题讲解

两个在造型上风马牛不相及的图形,一定要用艺术的手段将它们联系在一起,是有一定难度的,但是也不是绝对不可为的。这里,有一双善于观察的眼睛是很重要的。先要找到突破口,然后向对方靠拢,一步一步,终归会达到理想的彼岸的。在选择形变的两个图形时,如果能够做到彼此间含义上的关联,这种设计就显得更有价值了。由于形变的过程是分步骤来完成的,因此,在表现上需要注意,要让形变过程均匀、自然、流畅、合理,不能出现跨越式的跃进,这是作品成功的关键。

课题示范

课题训练3:结集构成

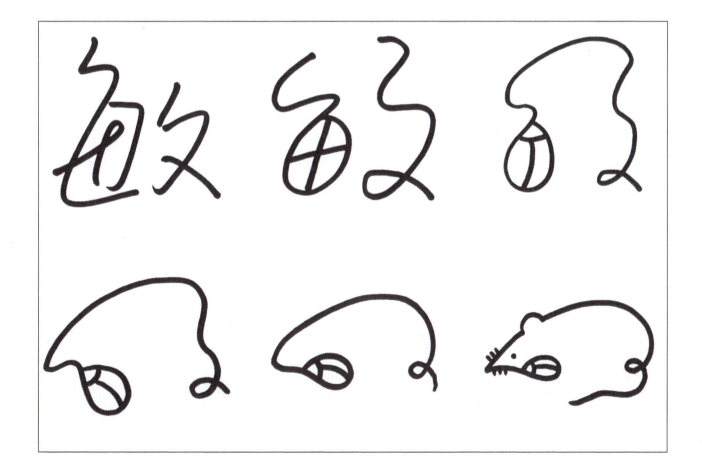

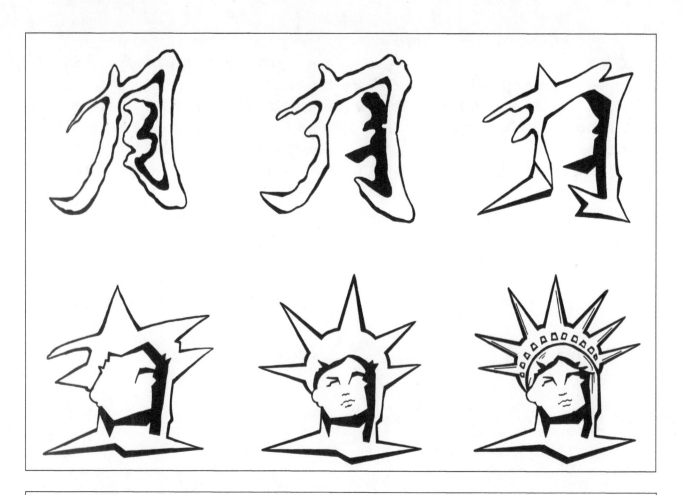
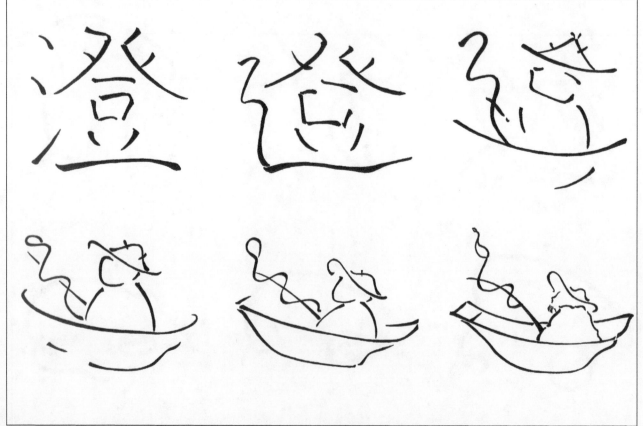

第 4 章 平面构成中的构成方式

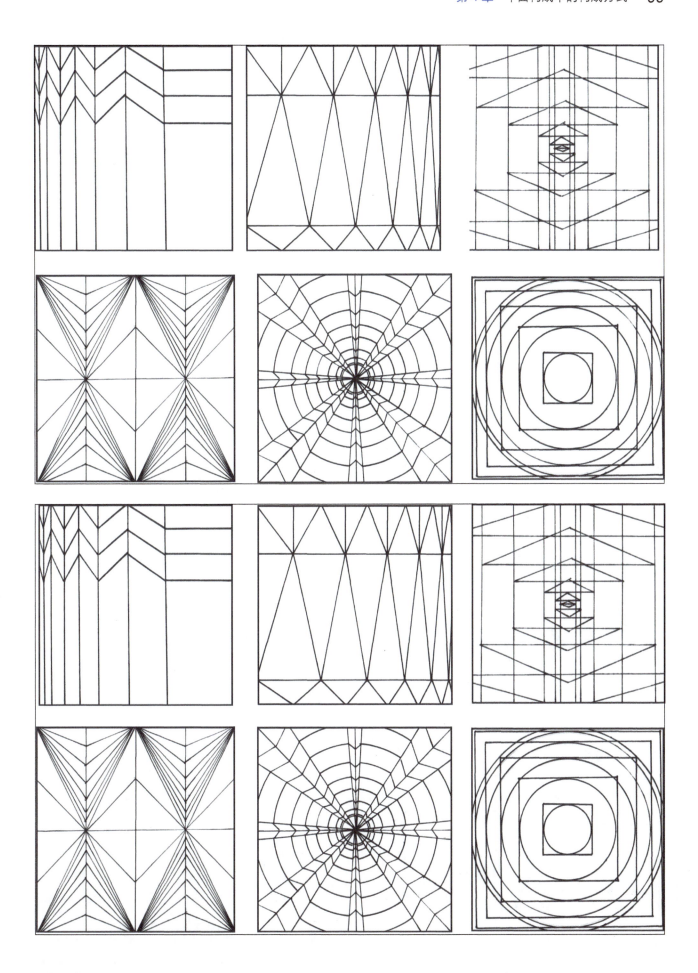

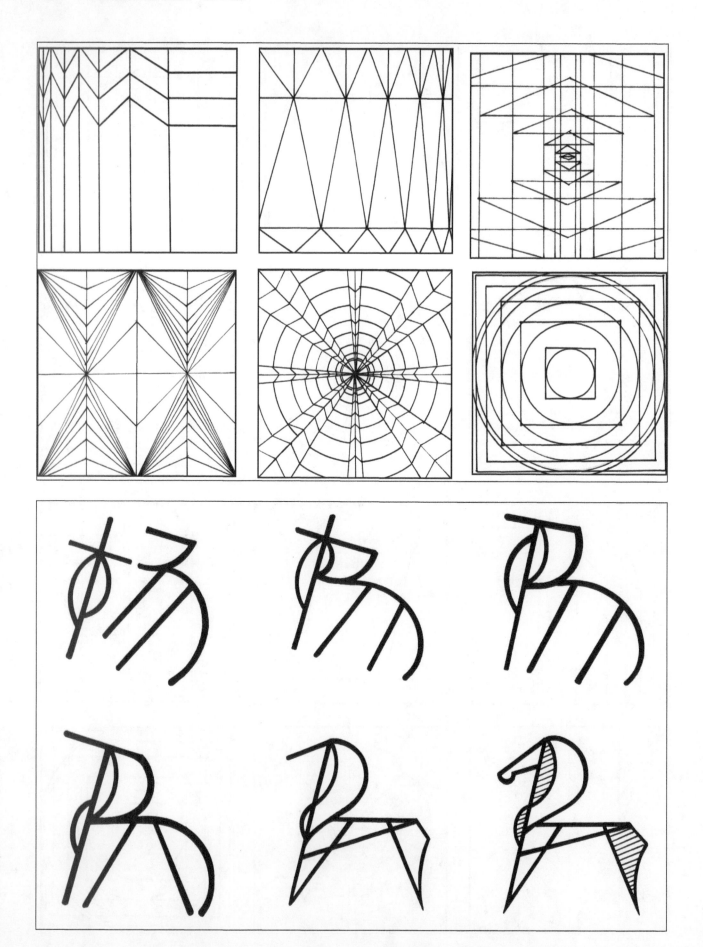

第 4 章 平面构成中的构成方式 101

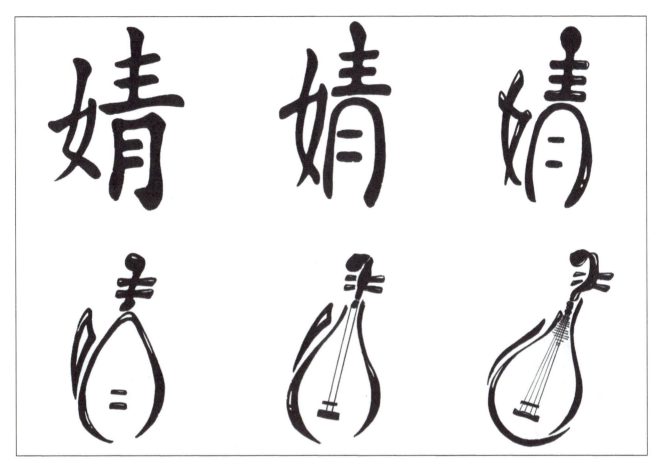

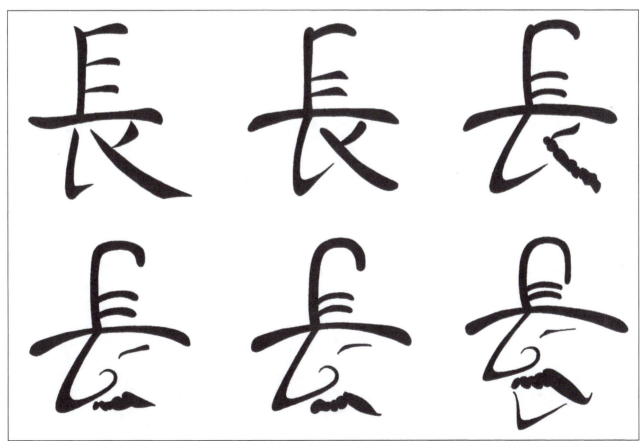

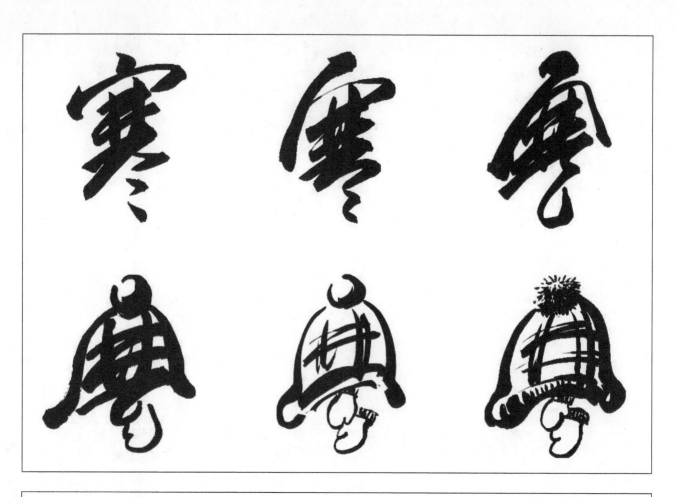
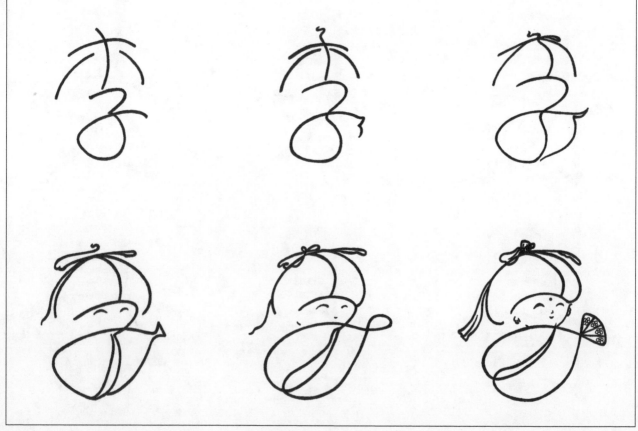

第 4 章 平面构成中的构成方式 103

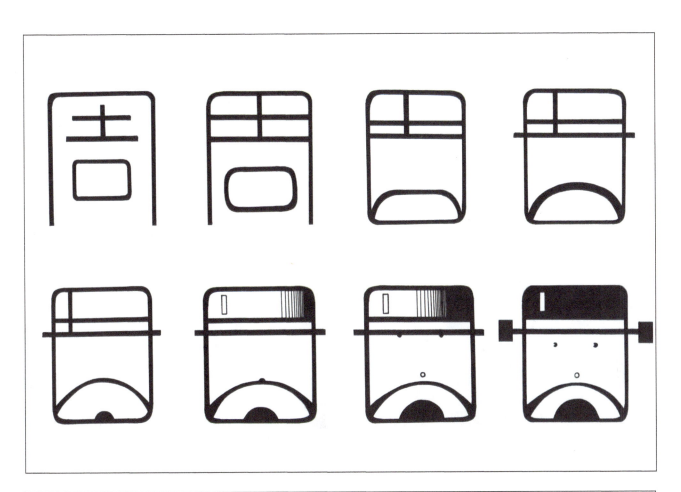

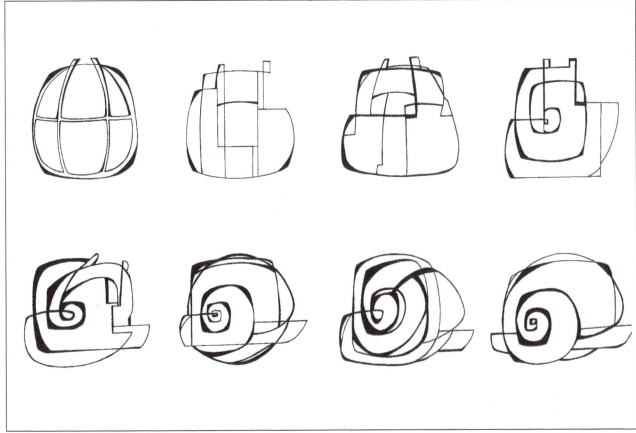

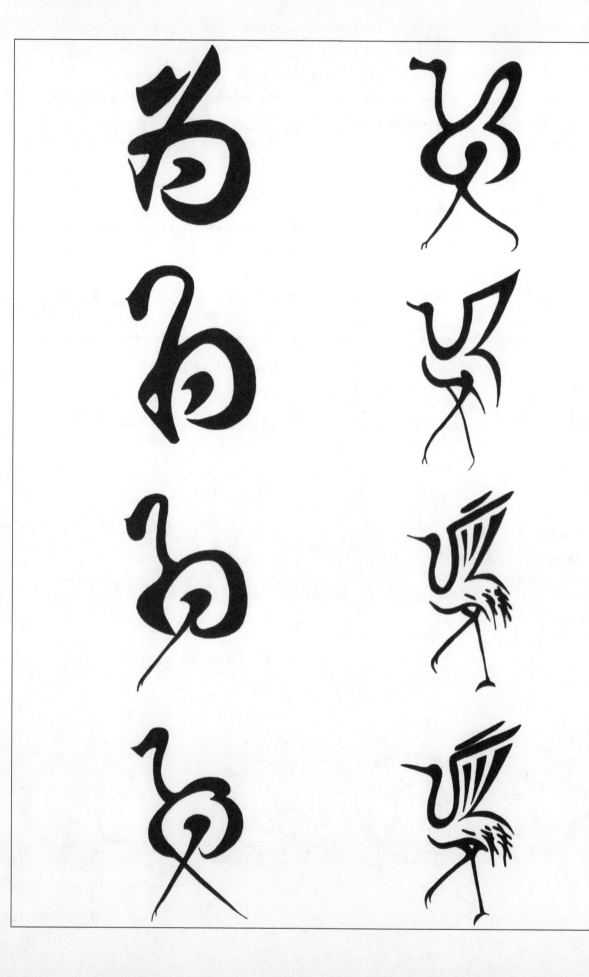

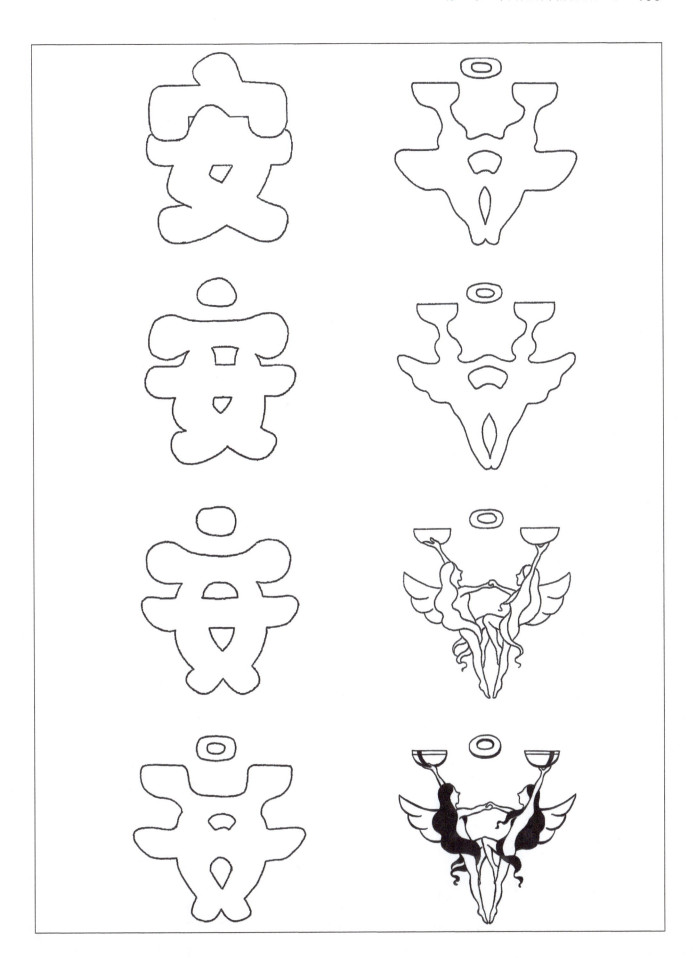

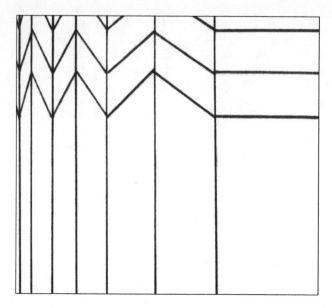

课题要求

选择一种元素进行结集，注意结集的走势明确、构图稳定、层次丰富。

课题讲解

结集构成在作品的视觉形式上，表现为密集和疏朗的对比，但是结集构成与密集和疏朗对比构成不同的是，结集构成表现的是一种有运动感的构成形式，构成中体现出结集元素的运动方向。它分为点结集、线结集和面结集三种形式。

课题示范

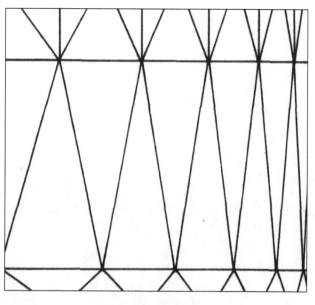
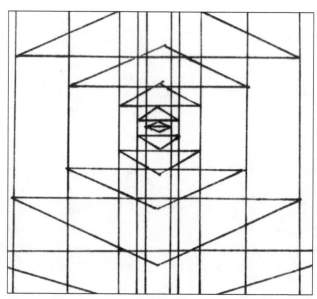
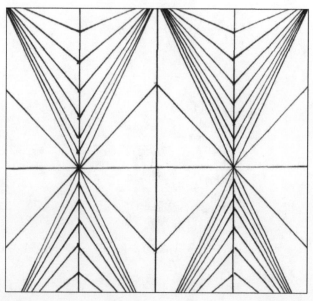
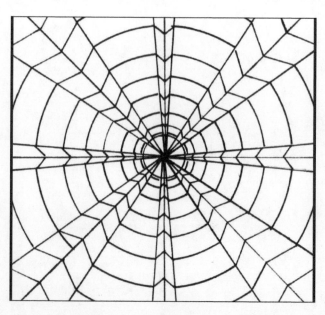

第 4 章 平面构成中的构成方式　107

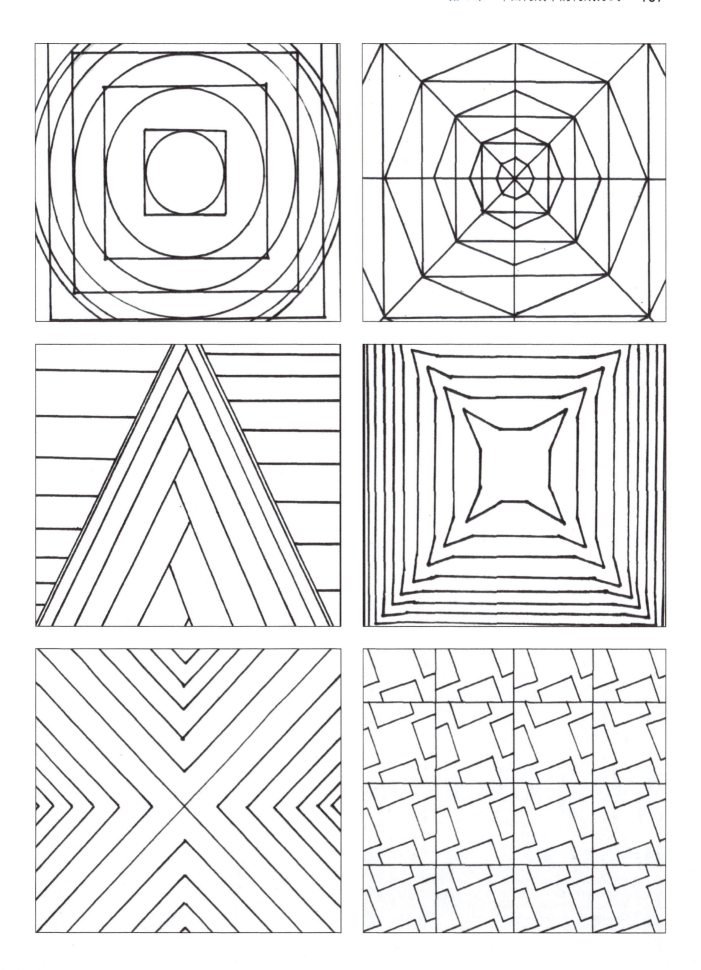

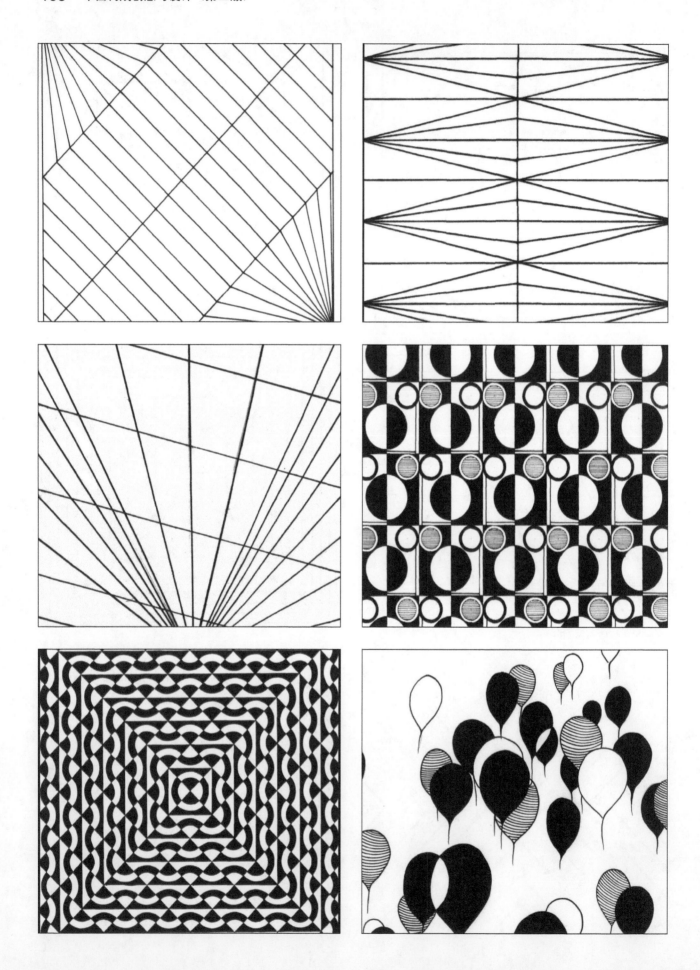

第 5 章 平面构成中的空间

在平面构成中,巧妙地利用空间的构成,可以创造出丰富的图形。

5.1 传统的平面构成空间

国古代把二维的设计称为"意匠"、"巧思",含有别具匠心的意思。在空间的处理上,不注重空间透视关系表达的准确性,而专注于"匠心"的表现。

巧合空间

从巧合空间产生的巧合部位的不同,可以将其分为共用边界线巧合空间和共用形巧合空间两种形式。

(1) **共用边界线巧合空间**

当两个或两个以上的形态在组合构形时,在外轮廓上产生一段彼此共同使用的边界线,这段共用的边界线使得不同形态之间相互依存、相互作用、彼此牵制,这种由轮廓构形巧合所形成的空间,称为共用边界线巧合空间。图5-1为共用边界线巧合空间构图示意。

(2) **共用形巧合空间**

当两个或两个以上的形态在构形时,有一块共同使用的部分(面积),这块共用的部分(面积)使得形态之间彼此牵制、互相依存,这种由共用面积上的巧合所形成的空间,称为共用形巧合空间。比如九九消寒图中的"六合同春"(图5-2),六个娃娃共用三个头。敦煌莫高窟藻井图案中,隋代401窟的"三兔共耳"也是这种形式,三个兔子共用三只耳朵。

图5-1(a) 共用边界线巧合构成

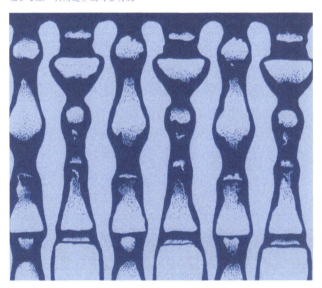

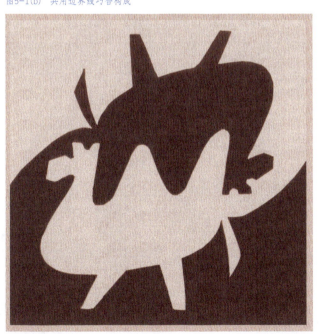

图5-1(b) 共用边界线巧合构成

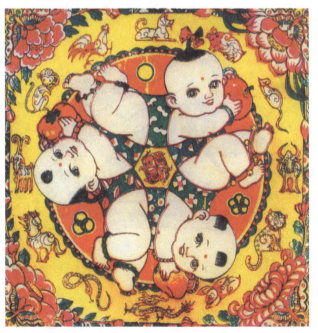

图5-2 共用形巧合空间,六合同春图

打散重构空间

这是一种化整体为个体，再从个体回归到整体的造型方法，如图5-3所示。它的独特之处在于，在重新归为整体的过程中，原有的形态被有意识地移动位置、交错组合，从而使新图形产生奇特、怪异的视觉印象，在具象形的表现中尤为明显，这种形态上的不完整往往会激发人们的好奇心和探究的兴趣。中国春秋战国时期楚国装饰艺术中的龙、凤纹样，采用的就是打散重构的空间形式。

透视空间

这里的透视指的是"X"光透视，是能够透过物体表面看到内部结构的透视，而不是由视点和灭点来产生的深度空间透视。它能够在画面上表现肉眼无法看见的物体内部，在民间美术中，这种空间表现手法很常见。图5-4是一幅陕西民间剪纸，图中的鸡笼就是采用透视空间的表现手法，把笼里的鸡展现出来。

5.2 正负空间

在平面构成中，图与地的关系从形态的角度来看，可以分为正形与负形；从空间的角度来看，可以分为正空间和负空间。

负空间的造型作用

在平面构成中，由正形所形成的空间为正空间，由负形所形成的空间为负空间。负空间是正空间的伴生产物，依托正空间的存在而存在。在传统设计中，负空间通常被称作"地子"、"背景"，而不起到造型作用。但是，在现代设计中，负空间往往不再是消极被动的无意义空间，它作为一种造型元素，与正空间一起共同造型。负空间造型的积极参与，明显增加了平面空间的趣味性和形式感。图5-5就是一组负空间造型。

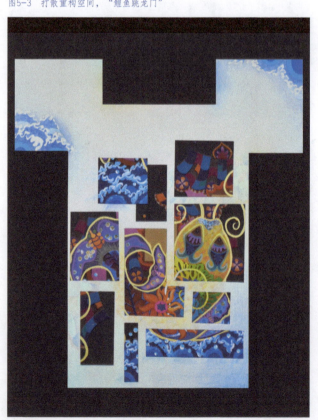

图5-3 打散重构空间，"鲤鱼跳龙门"

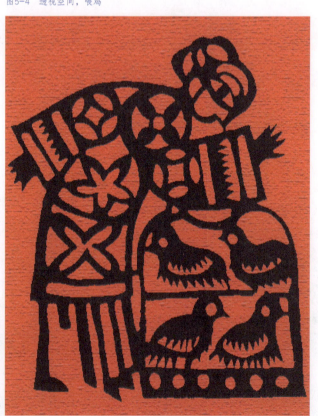

图5-4 透视空间，喂鸡

图5-5(a) 负空间造型，莎士比亚著名悲剧《麦克佩斯》海报

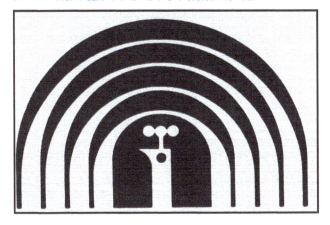

图5-5(b) 负空间造型，首尔新世界百货商店标志

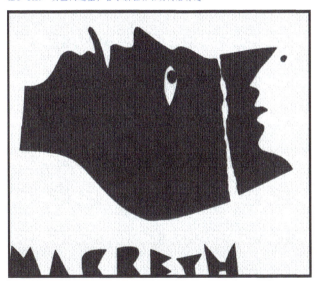

地图互换空间

在平面构成中，地图互换是正、负空间图形设计的极致形式。在刻意设计下，正负空间相互咬合，结构严谨。当视线集中于一种图形时，另一种图形就退为背景；反之，当视线转移到后一种图形时，先前注意到的图形则退为背景，并且，在作品中没有除却图形之外的多余空间。如图5-6（a）所示，当视线集中在猫咪身上时，猫咪周围的剪影头像退居为背景。反之，当视线集中在剪影头像时，猫咪又退居为背景。在图5-6（b）中亦是如此，当视线集中在吉他上时，兔子退居为背景，而当视线集中在兔子身上时，吉他就退居为背景。

图5-6(a) 地图互换空间，人与猫

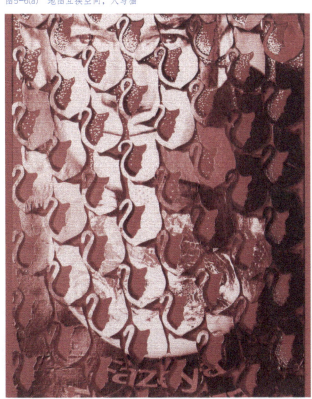

图5-6(b) 地图互换空间，吉他与兔子

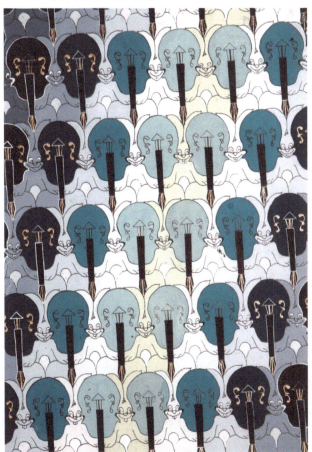

图5-7(a)、(b) 矛盾空间

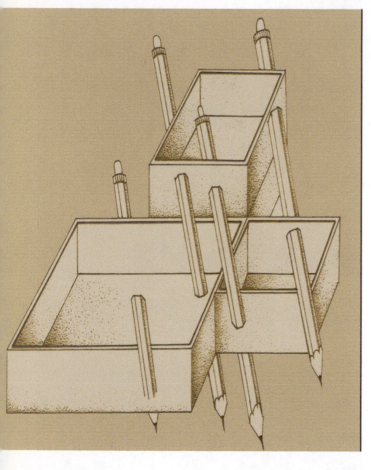

5.3 不可能空间

不可能空间是指在现实生活中不可能存在的空间，也就是用三维模型制作不出来的空间。它是巧妙地利用视点与灭点的不确定性来形成的虚拟空间。

矛盾空间

矛盾空间是相对于正常的空间而言的，当正常的空间关系发生非正常的变化时，往往会形成"合理的"、却又无法用常规思维进行解释的、不现实的趣味空间，如图5-7所示。

（1）多个视点和灭点产生的矛盾空间

这种矛盾空间违背科学的透视原理，在画面中制造多个视点和灭点，并利用这些视点和灭点作透视，从而产生看似合理，实为矛盾的空间艺术。图5-8所示的布朗大学出版社标志即为这种矛盾空间构成。

（2）利用地心引力产生的矛盾空间

当我们在画面上设定一个地平面时，与其垂直的面、相对的面就不能成为地平面了，但是，如果此时将人物、动物或静物不合常规地摆放在垂面或顶面时，有趣的矛盾空间就产生了。图5-9是利用地心引力产生的矛盾空间。

音叉错视

音叉错视是一种虚拟的空间艺术，具有局部正确、整体矛盾的艺术特点，如图5-10所示。它看似合理，却是不现实的。

图5-8 布朗大学出版社标志

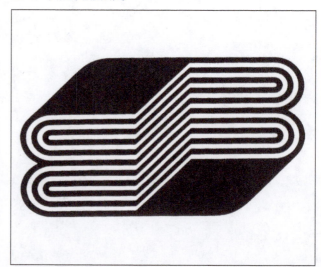

第 5 章 平面构成中的空间　113

图5-9(a) 利用地心引力产生的矛盾空间

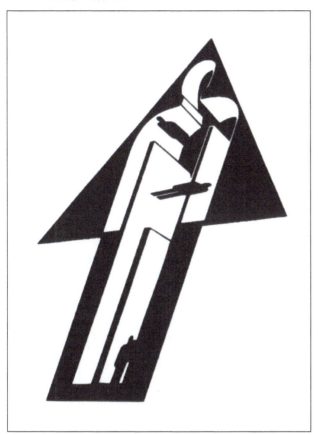

图5-9(b) 利用地心引力产生的矛盾空间，福田繁雄（日本）

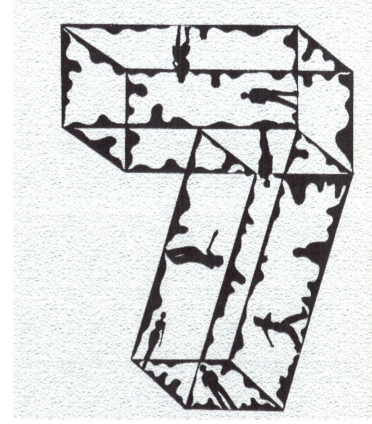

图5-10(a)、(b) 音叉错视

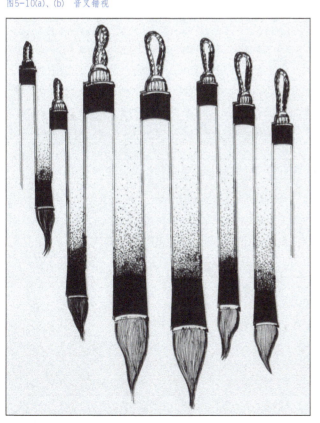

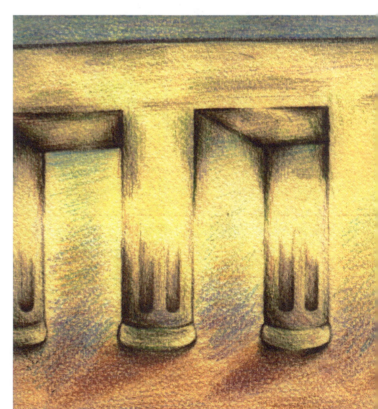

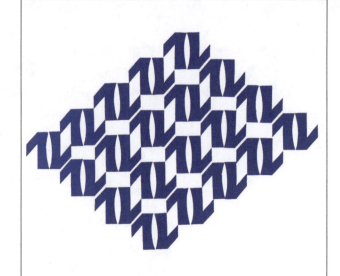

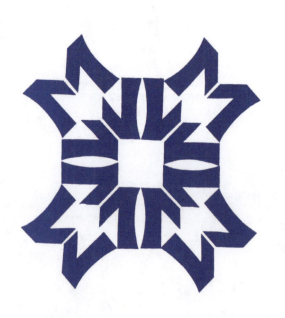

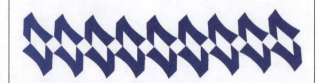

本章设计课题

课题1：抽象空间构成

课题目标

通过最基本几何形造型元素的组合构成，来感受空间在平面设计中的重要性。几何形的造型摒弃了对造型准确、可认度的要求，而把设计重点放在正负形态的构成形式和空间关系上。以最简单、直接的方式来体会负形在构成中的积极造型作用。

课题训练1：几何形的增值空间构成

课题要求

用尺规设计一个简洁的基本几何形，并将其进行线形（二方连续形式）、圆形（或环形）和面形（四方连续形式）三种形式的构成。在排列组合时要有意识地体现出负形的造型作用。

课题讲解

构成是组合的艺术，看似貌不惊人的形态在经过组合之后，就会大放异彩。是什么具有如此神奇的魔力？答案有二，一是重复与秩序的美感作用；二是负形的有效造型作用。重复与秩序让画面规则、有序、统一。而在组合过程中产生的负形的积极造型，让原本简洁、纯粹、单一的几何形态顿时焕发生机，变化丰富的负形皆因正形的组合而产生，构成中正形与负形相辅相成，共同造型。

这个课题重在体现组合后的正负形造型效果，因此，用于组合的基本形态一定要简洁，而且它的造型不论方圆曲直都要用尺规来完成。在设计基本形态时，要为接下来的组合做好铺垫，也就是有意识地做出半圆形、三角形、长方形等，以便在组合时，可以组织成圆形、菱形、平行四边形、正方形或长方形等，组合后的形态其实在设计基本形时就已成定局了。

在做线形、圆形和面形组合时，要充分利用组合造型的灵活特点，寻求不同的组合方式，以产生三种不同的负空间造型，让作品呈现出不同的设计风貌。

该课题适合用剪贴的方式来操作，直线部分用美工刀裁切，曲线部分用剪刀剪，用于组合的基本型要尺寸规范。

课题示范

第 5 章 平面构成中的空间 115

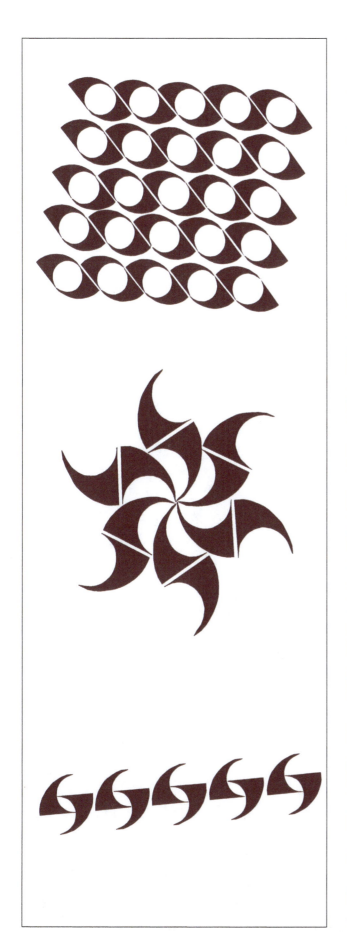
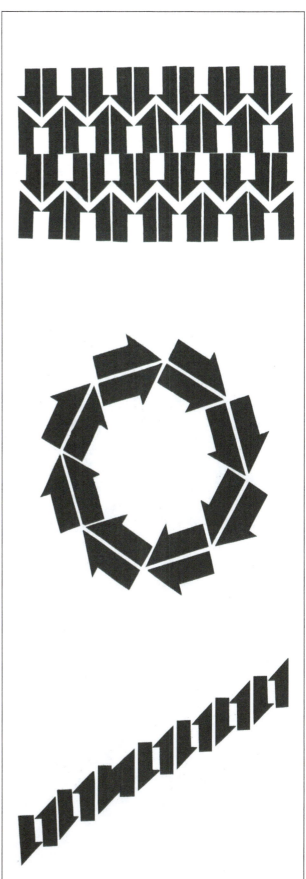

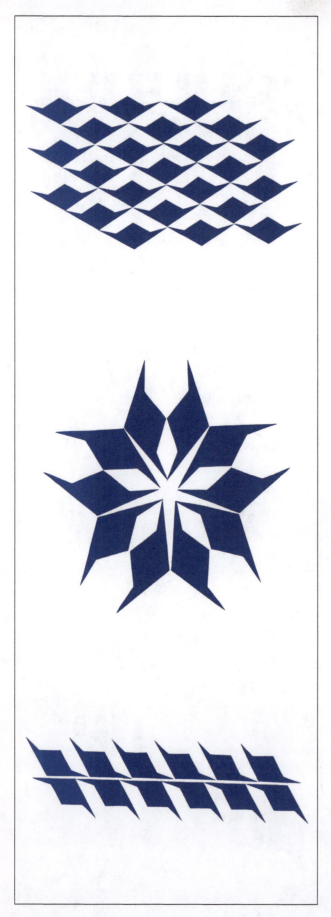
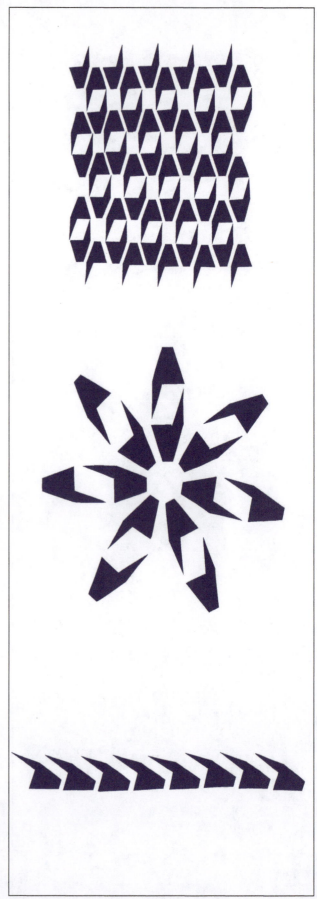

第 5 章 平面构成中的空间 117

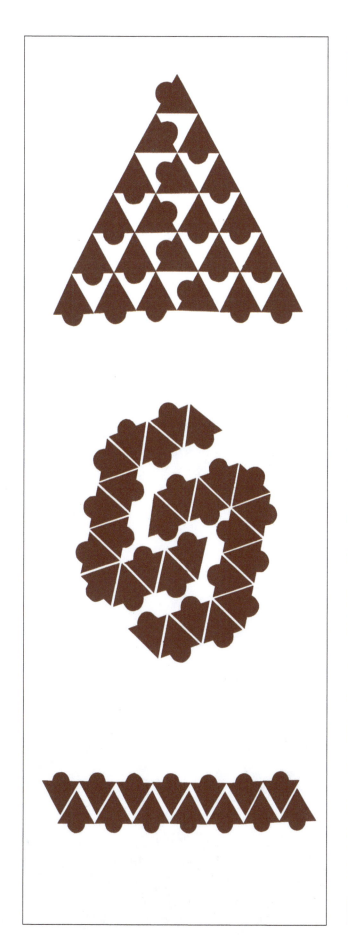

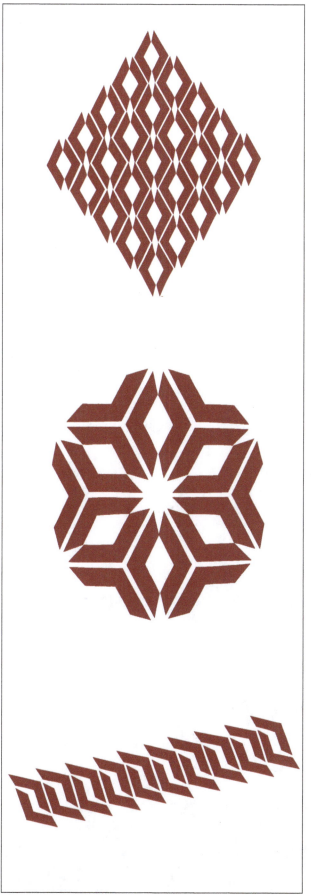

课题训练2：几何形的二等形空间分割构成

课题要求

在正方形、长方形和圆形中，进行一次性分割，将其分割为两个相同的抽象形态。分割后的图形要求构成整体、比例恰当、主次清晰。

课题讲解

这是"一笔画"的游戏，这个"一笔画"的难度在于只用一次分割，不但要将一个几何形分割成两个相同的呈逆对称形式的形态，还要让分割后的形态内容丰富而整体。这个课题的目的，一方面让学生建立形式美感观念，提高对形式美感的认识；另一方面旨在训练学生驾驭整体的设计能力。

这个课题只有分割，没有组合，因此分割的结果就是造型的全部。为满足分割后形态的力度美，在分割时尽量使用尺规来完成。因为是抽象形态，所以分割后各个局部的大小、曲直、方圆等关系是设计的重点。造型尽量饱满、疏密得当。在形式感上要有明确的态势，如"C"字形、"Z"字形、水平、纵向、倾斜等。

课题的操作可以是剪贴完成，也可以是用尺规绘制完成。图与地在明度上要对比鲜明。

课题示范

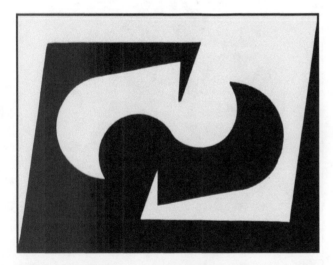

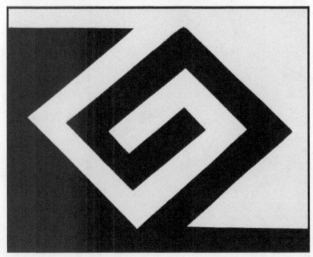

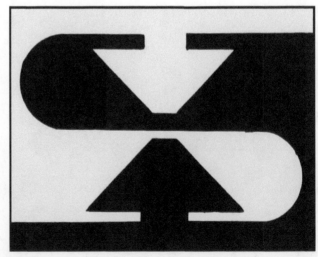

第 5 章 平面构成中的空间

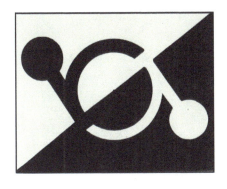 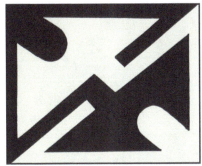 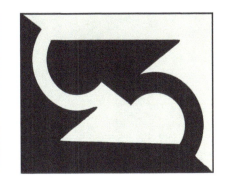
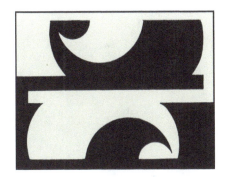 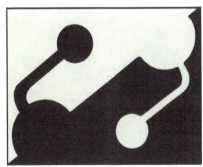 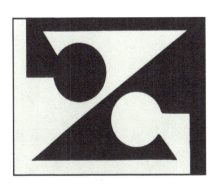
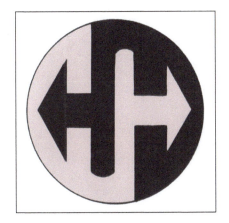 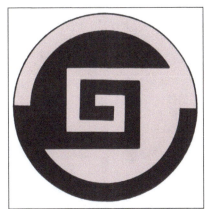 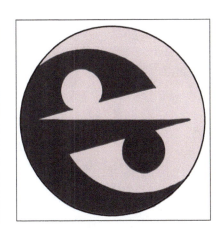
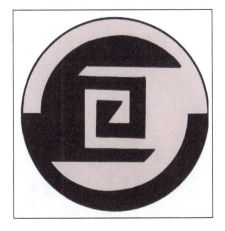 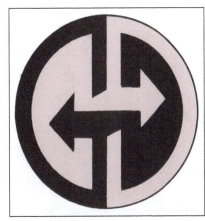 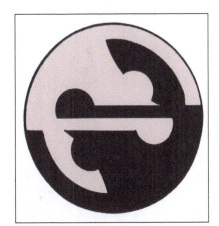

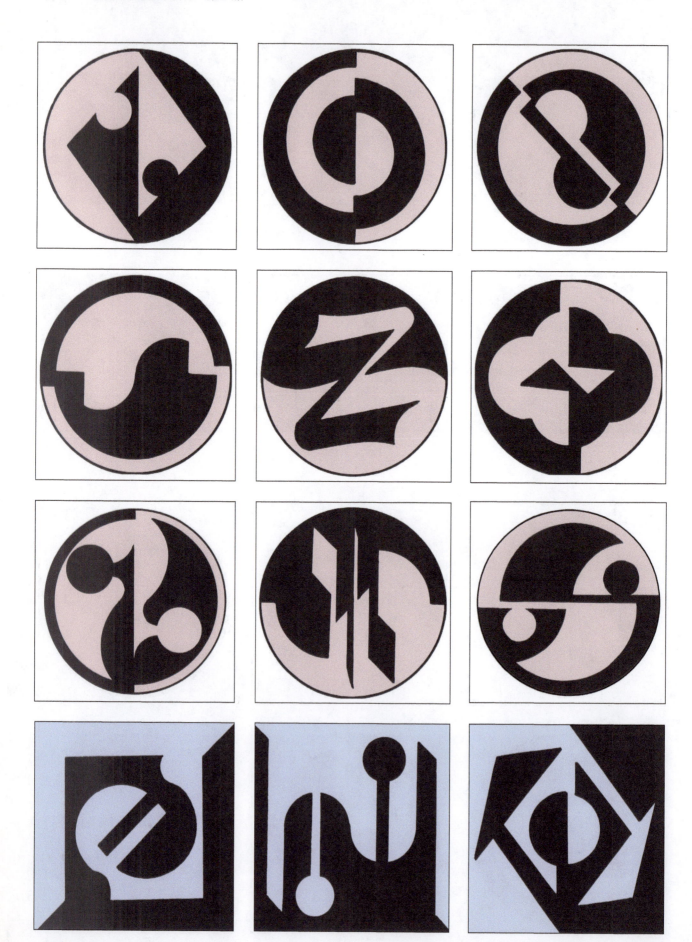

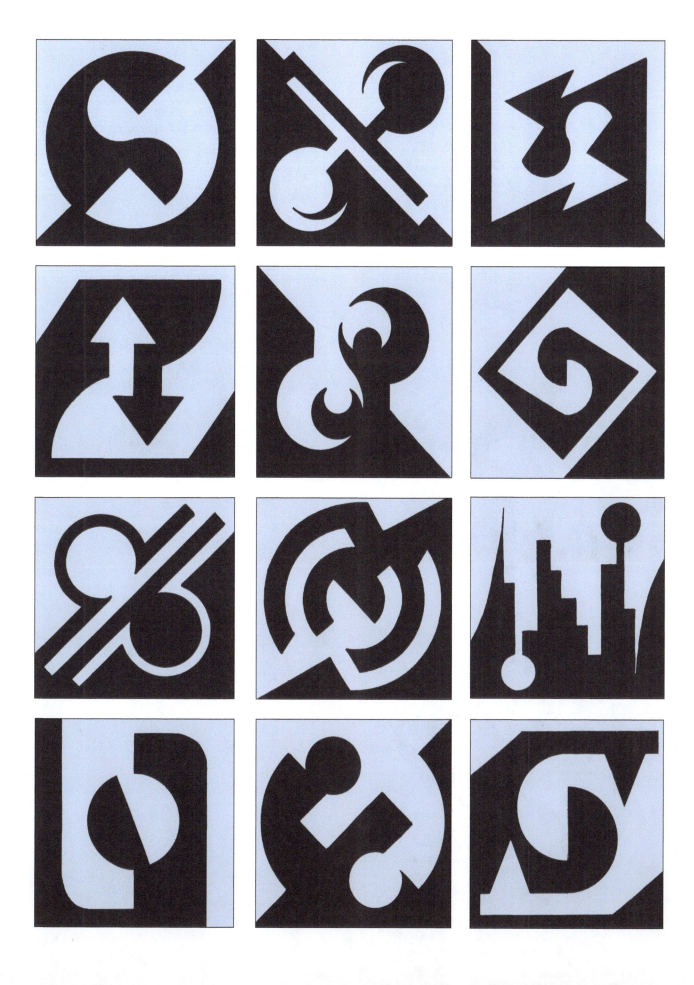

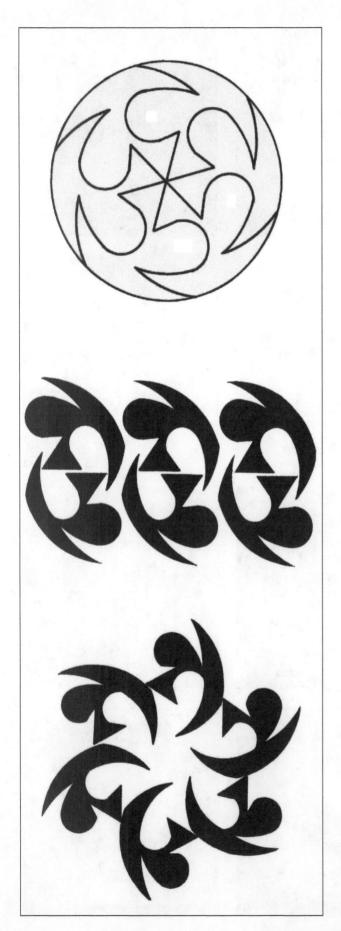

课题训练3：几何形的多等形空间分割构成

课题要求

将正方形、圆形和六边形，分割为三个以上相同的形态，并将分割后的所有形态组合起来，形成一个新的图形。在组合时，各个形态可以相接，但不能相互叠压。在组织新形态的时候，既要考虑构成的形式感，也要体现出负空间的造型作用。

课题讲解

多等形分割构成包含两个方面——分割和组合，而且的关系是非常密切，分割的形式直接影响了组合的结果，因此在分割时就要有意识地给组合打下"伏笔"，要为组合时负形的有效造型提供条件。

在分割时要首选尺规进行造型，这样形态既规范，有力度美，而且可以保证分割后各个块面的形态一致。

组合的方式很多，通常有圆形的旋转对称式、三角形的旋转对称式、两组造型的逆对称式和二方连续式等，以规律式的组合形式为主。组合时在造型上，要考虑到组合后形成的负空间，让负空间起到造型的作用。在构成形式上，要有明确的动态和节奏感。

课题的操作可以是剪贴完成，也可以是用尺规绘制完成。

课题示范

第 5 章 平面构成中的空间　123

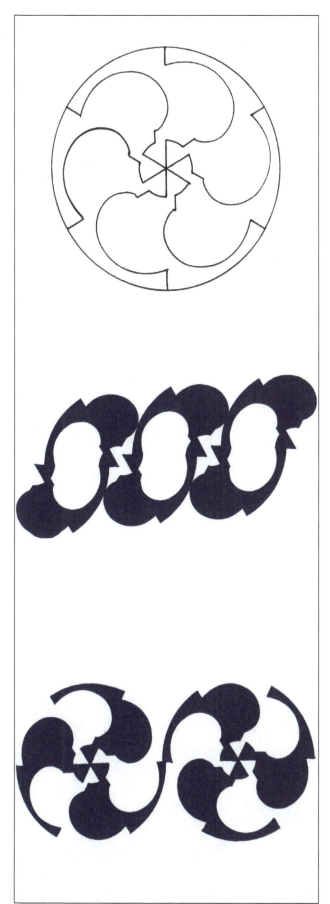
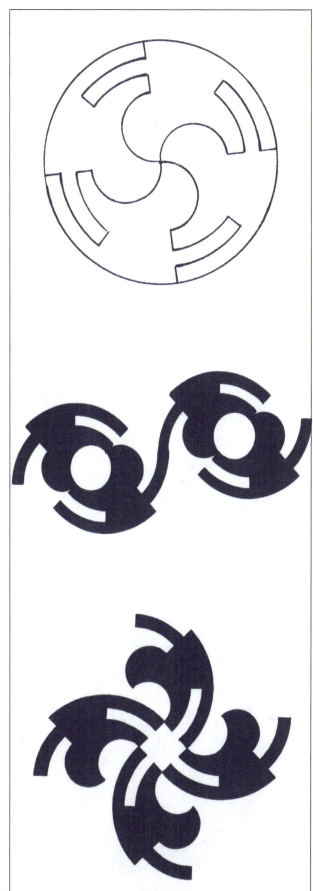

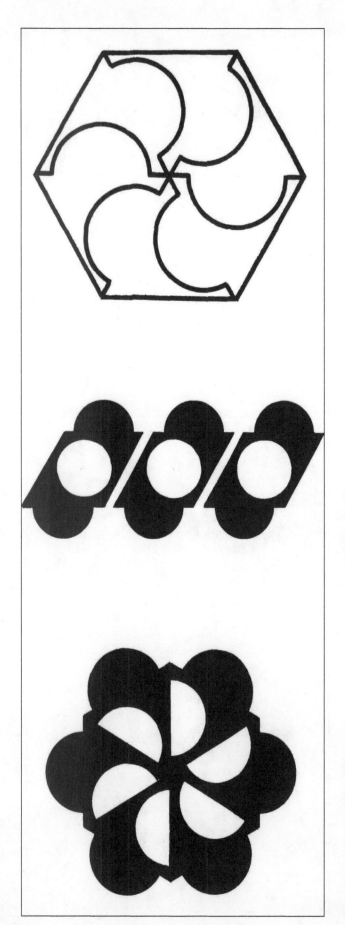
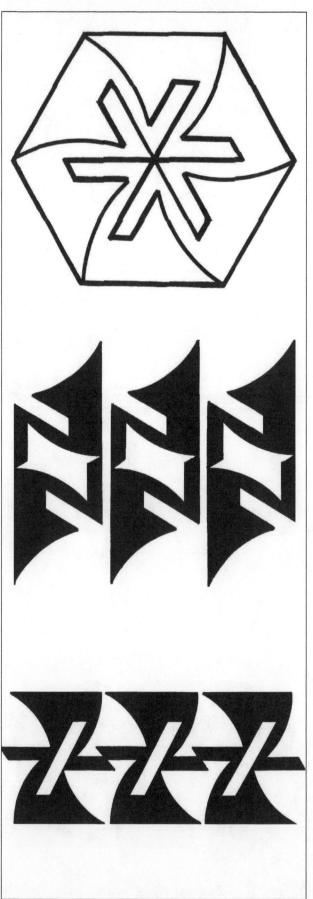

第 5 章 平面构成中的空间 125

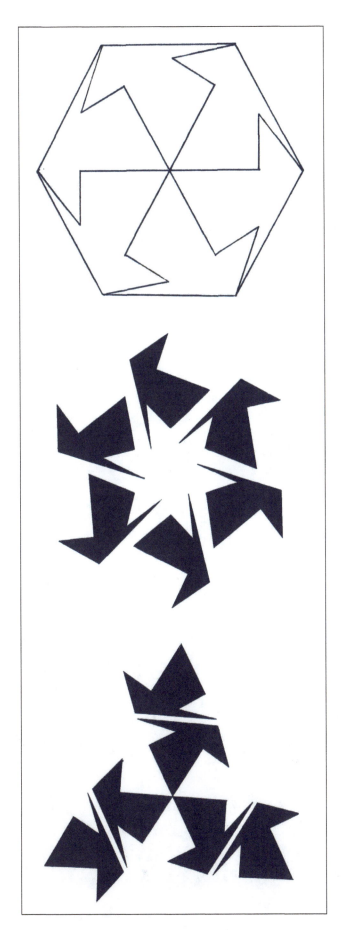
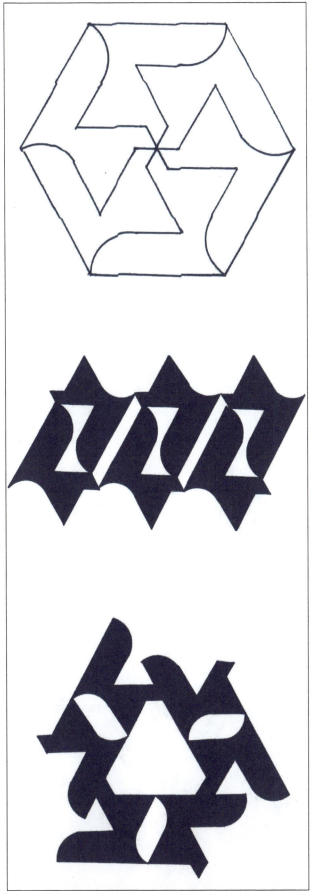

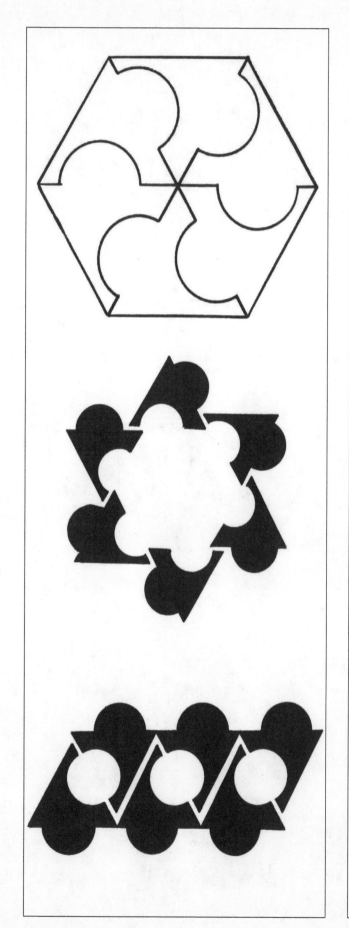
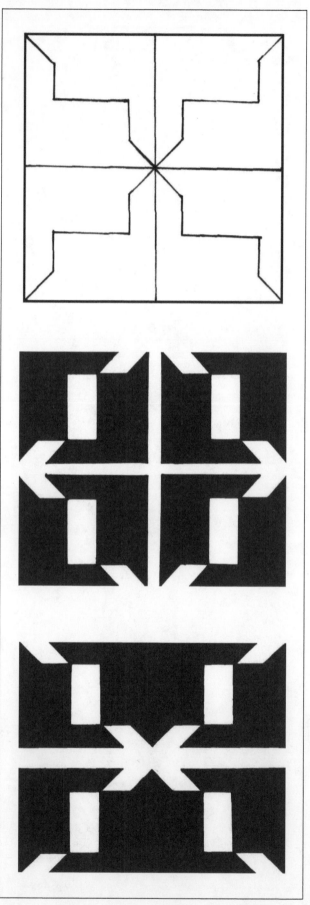

第 5 章 平面构成中的空间 127

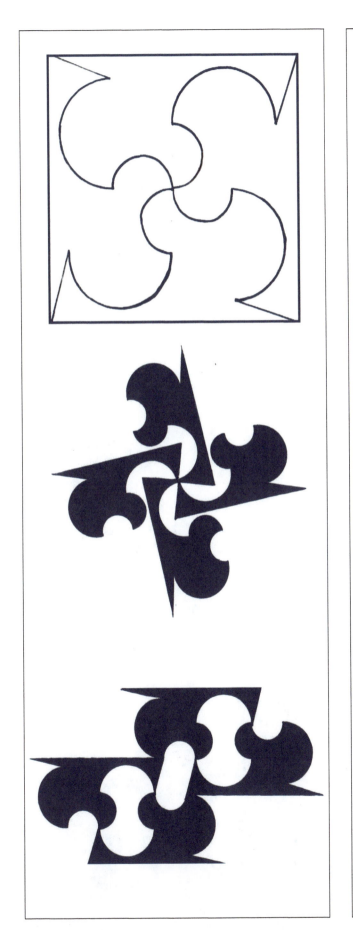
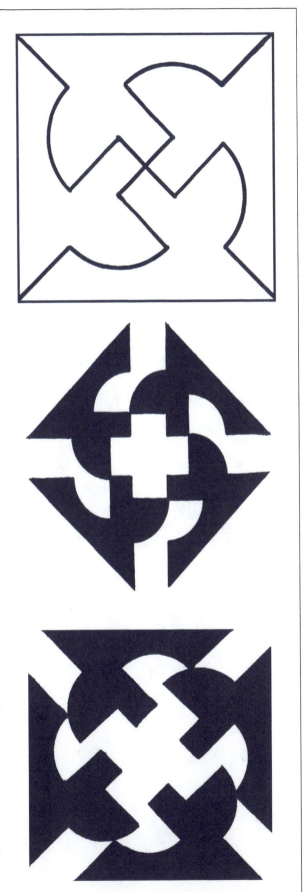

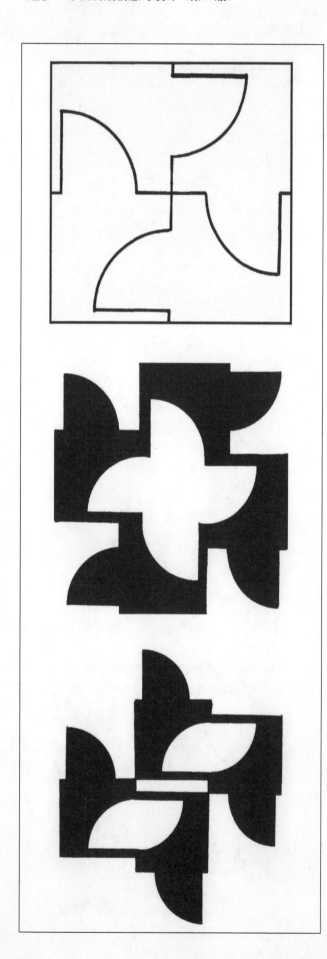
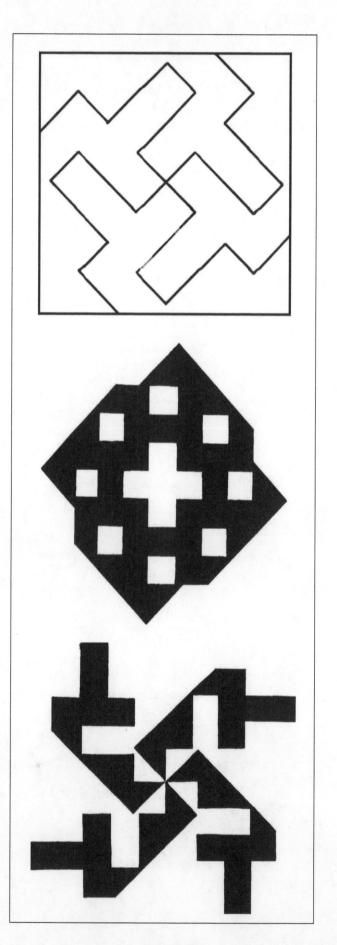

课题训练4：几何形的不等形空间分割构成

课题要求

将圆形以逆对称的形式分割为多个不相同的形态，并将分割后的所有形态组合起来，形成一个新的图形。在组合的时候，各个形态之间可以分离、相接，但不能相互叠压。在构成形式上，不论是逆对称的形式，还是均衡的形式，都要考虑到负形的造型作用、构成的形式感和整体性。

课题讲解

这是对课题训练三的进一步推进，随着课题训练的逐层深入，难度也在不断加大，在设计中需要考虑的因素也在不断地增多。在不等形分割中，没有了二等形和多等形的分割限制，看似自由了，却反倒感觉无处下手了。所以要有一个分割的原则，分割就是造型，在为组合提供"素材"，因此，在分割时一要尽量保证点形、面形、线形等基本造型元素的存在；二要注意分割后各个块面之间的比例关系；第三还要为组合时负形的产生做好铺垫。

这个课题的组合通常有两种形式——对称和均衡，因此在分割时要以逆对称的形式进行分割。组合时在兼顾负空间造型的同时，还要考虑构成的形式感，若是均衡式形式，构成的稳定性也不容小觑。

课题的操作适宜用剪贴的方式来完成。

课题示范

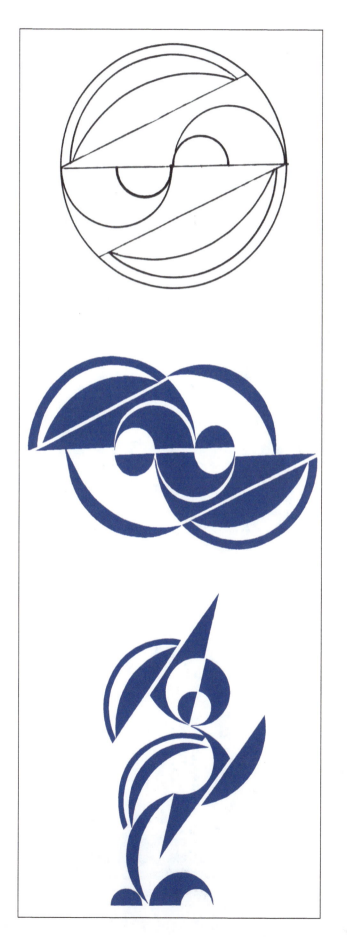

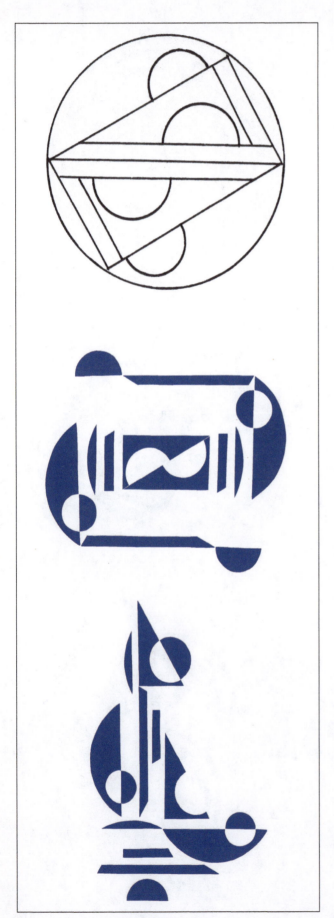
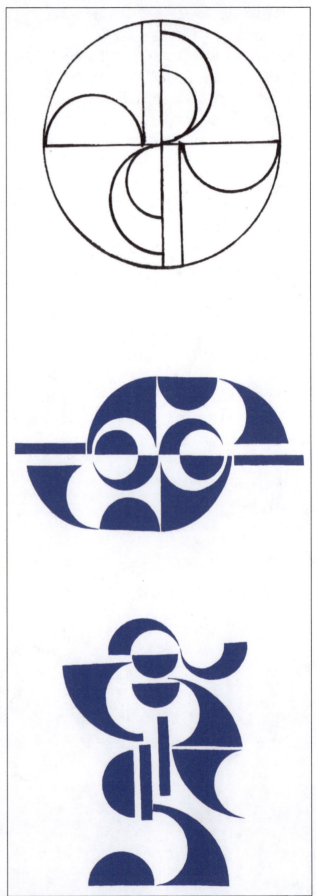

第 5 章 平面构成中的空间 131

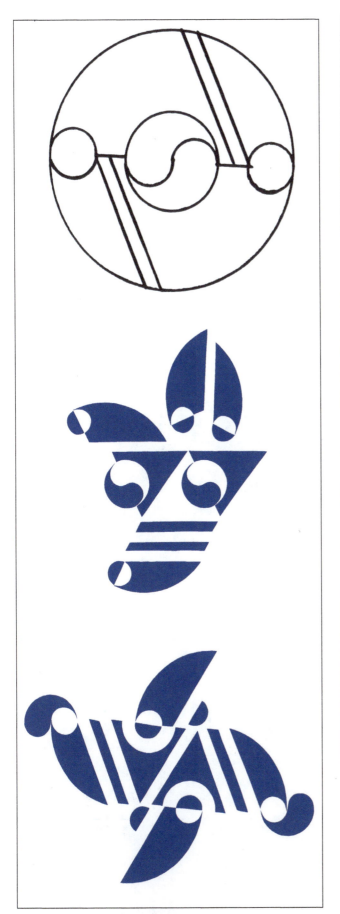
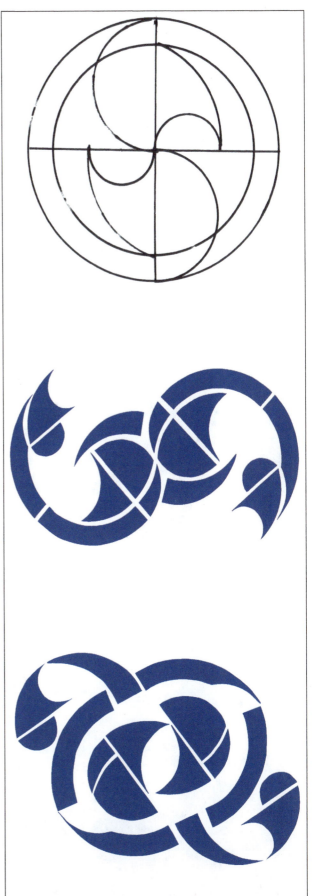

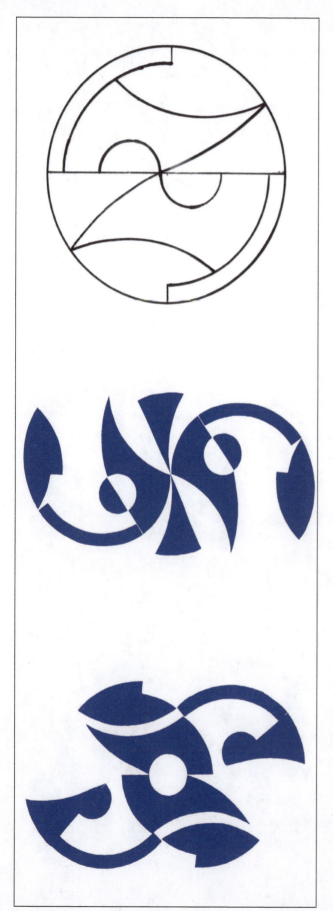
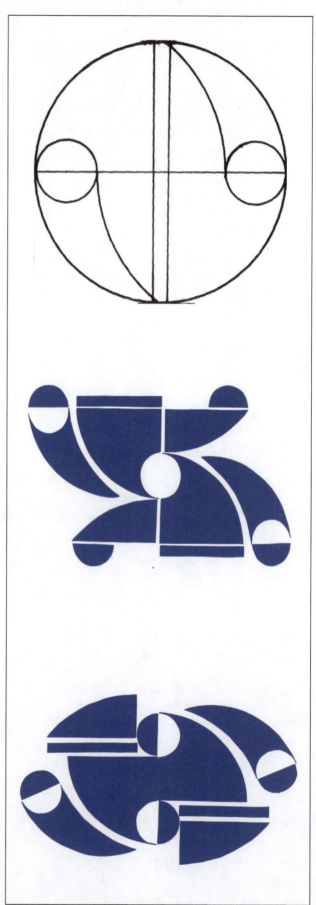

第 5 章 平面构成中的空间 133

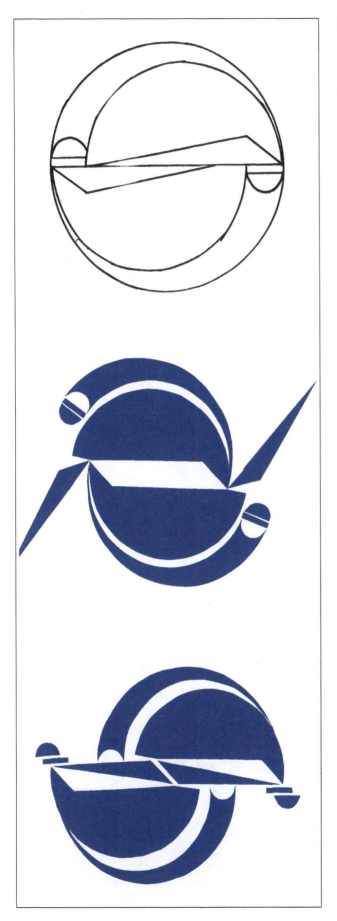
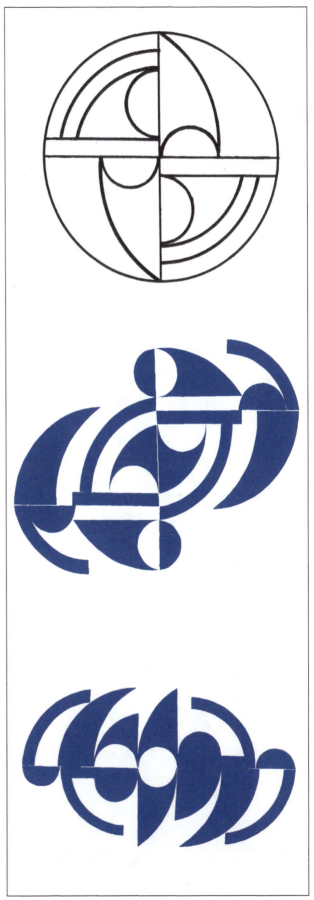

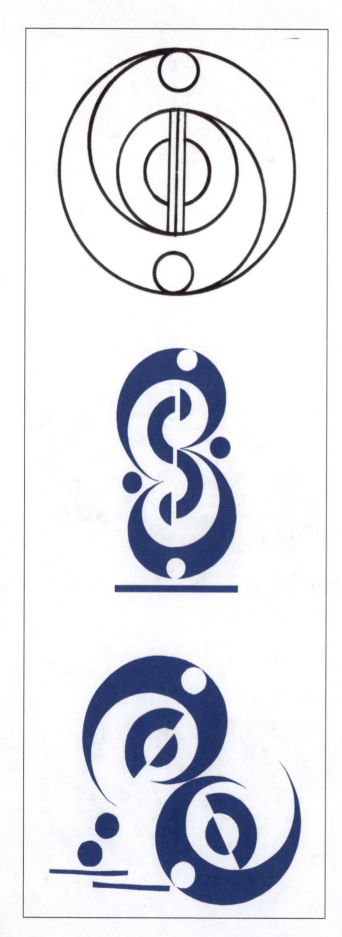
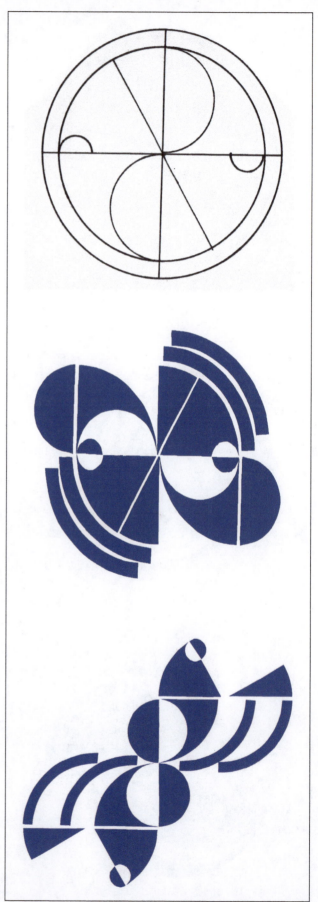

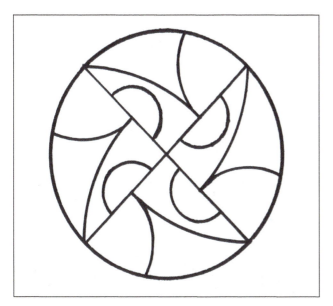
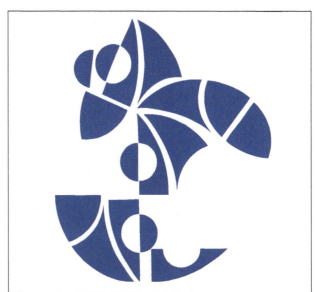
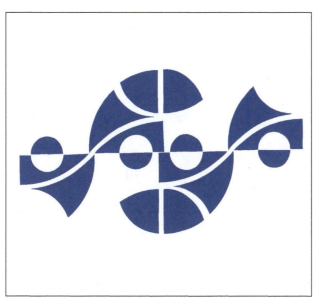

课题2：具象空间构成

课题目标

基于具象形态的可指认性，在负空间里以具象形态造型，可以明确地体现负空间的造型作用，通过课题训练，建立负形是"形"的设计观念。

课题训练：具象形态分割构成
课题要求

在A4大小的纸面上进行具象形态的空间分割，并用分割后的所有形态进行重新组合，组合时可以将纸张进行的正反面的翻转，可以打乱原有的位置，但是不可以有各个形态之间的前后叠压。最终组合成有具象形态特征的，有整体感的完整画面。

课题讲解

这个课题的设计分两个步骤，第一步是分割，第二步是组合。两者都关乎着作品的优劣。

先要在A4纸上画好要表现的形态，然后用剪刀沿形态的边缘将其剪下，剪下的形态就是接下来进行组合的素材。所以这些形态的设计非常重要，它直接影响着组合的结果。通常在设计这些形态时，要考虑主体和客体，要有块面的大小变化，要有点形、有线形、有面形，这样，组合后的画面才会丰富、有层次。在形态的造型上，不要刻意去表现具象形态的细小变化，而是要抓住物象的特征，归纳概括，使之具有典型性。在组合时要有统一的态势，密集有致，和谐统一。

课题示范

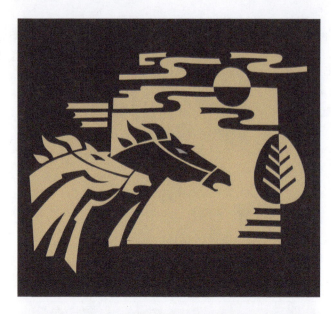
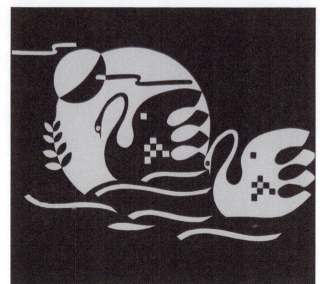
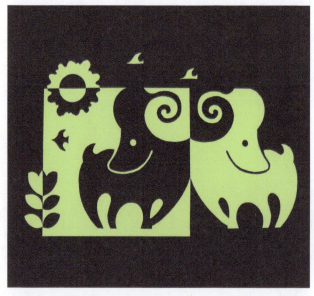
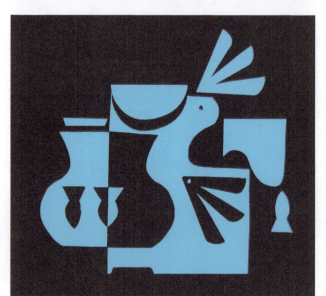
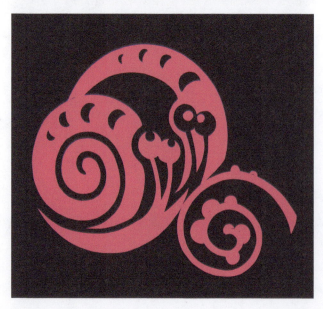
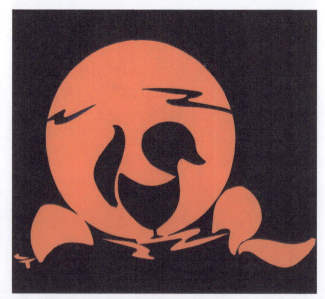

第 5 章 平面构成中的空间　　137

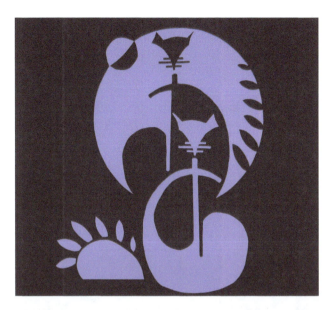
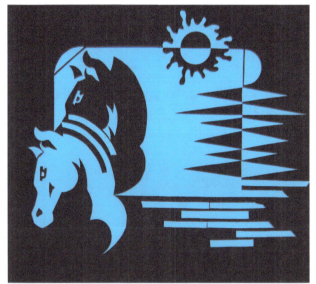
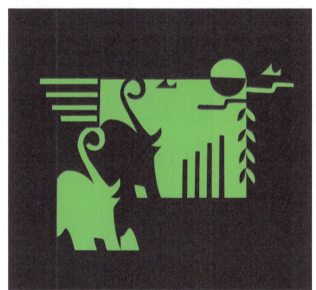
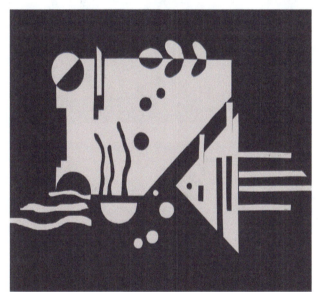
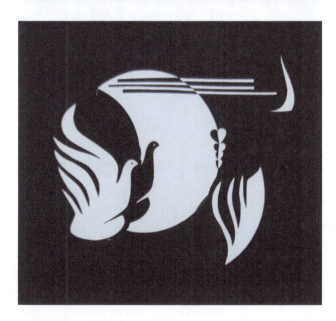
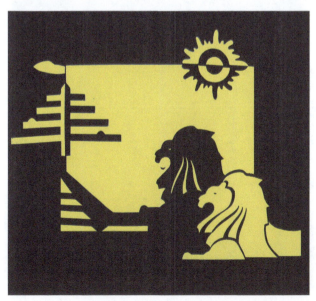

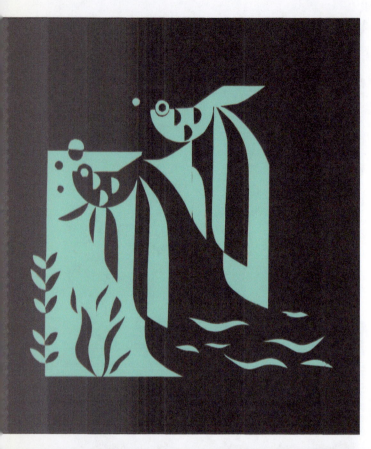
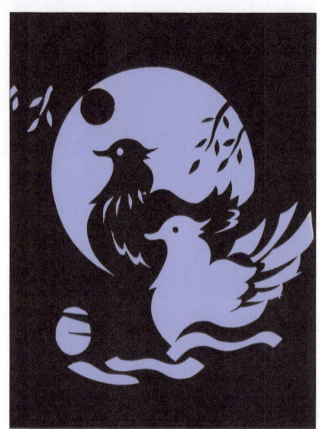
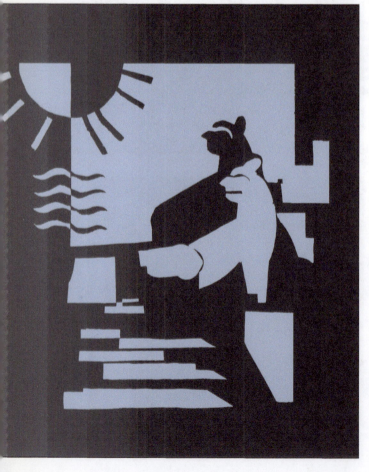
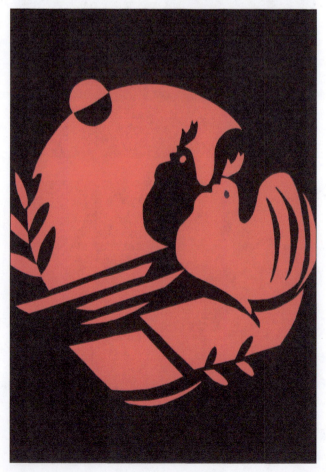

第 6 章 平面构成中的肌理

6.1 肌理概述

肌理原是指皮肤表面的纹理，后引申为物体表面凹凸不平，不同纹理的组织结构。在现代设计中，肌理丰富的视觉效果和装饰感越来越受到人们的重视。可以说，肌理无处不在。从肌理的成因上，可以分为两类：一类是像树皮、石材等大自然中本身就存在的天然肌理；另一类是像木纹纸等经过人为加工之后而形成的人工肌理。从肌理的排列方式上，可以分为如纺织品的规则肌理，和揉皱的纸张的不规则肌理。从肌理的视知觉方式上，可以将肌理分为只能用眼睛看到，但用手却不一定能够感知到的视觉肌理，以及既能用眼睛看到，又能用手触摸得到的触觉肌理。

6.2 肌理的表现技法

绘画肌理的表现技法

（1）拓印法

拓印法是将颜料或印泥涂抹在事先处理好的凹凸不平的物体表面上，再用纸张在上面压印，将其纹理拓下来形成的肌理效果，如图6-1所示。

（2）吸附法

吸附法是将颜料滴于水面并轻轻晃动，在其形成一定形状之时，将吸水纸平铺在水面上，自然吸附，晾干即成。图6-2是用吸附法创作的作品。

图6-1(a)、(b) 用拓印法创作的肌理作品

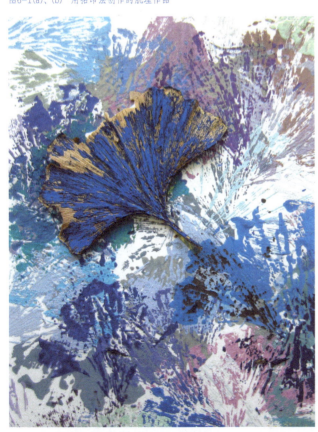
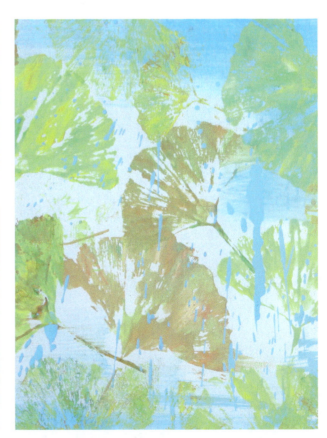

图6-2(a)、(b) 用吸附法创作的肌理作品

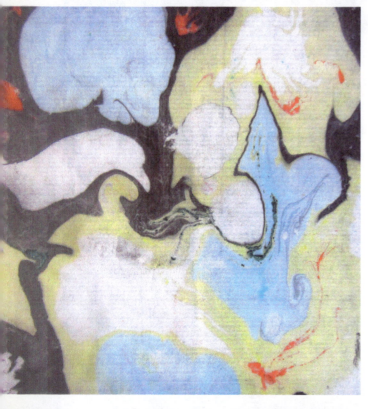

（3）喷绘法

喷绘法是用牙刷蘸取颜料后，用尺子刮刷刷毛，使颜料自然地喷洒在纸面上，形成喷绘肌理。图6-3（a）、（b）是用喷绘法创作的作品。

（4）蜡笔法

蜡笔法是利用颜料与油不相融合的原理，先用蜡笔或油画棒在纸上涂擦，再将颜料涂于其上，形成斑驳油渍的肌理效果。图6-4是用蜡笔法创作的作品。

（5）纸张揉皱法

纸张揉皱法是将纸揉皱后，用较干的颜料进行涂擦，待其干后，在将纸稍微摊平，形成凹凸斑驳的肌理效果。图6-5是用纸张揉皱法创作的作品。

（6）熏炙法

熏炙法是利用火焰在纸面上熏炙出一定图案的肌理制作方法。图6-6是用熏炙法创作的作品。

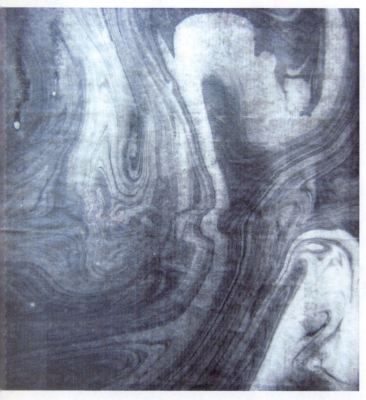

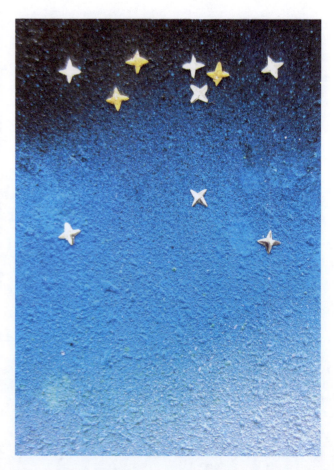

图6-3(a) 用喷绘法创作的肌理作品

图6-3(b) 用喷绘法创作的肌理作品

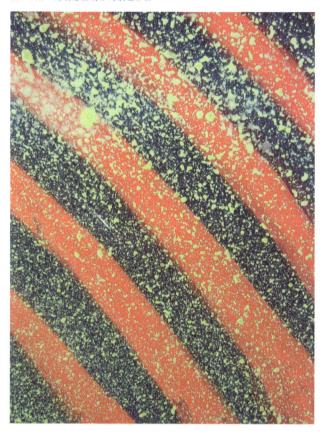

图6-4 用蜡笔法创作的肌理作品

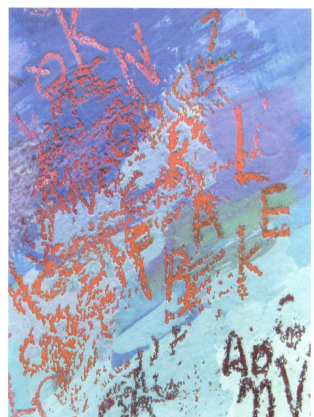

图6-5 用纸张揉皱法创作的肌理作品

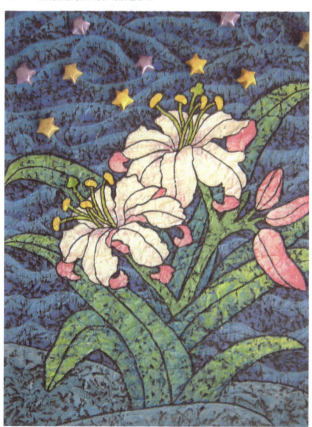

图6-6 用熏炙法创作的肌理作品

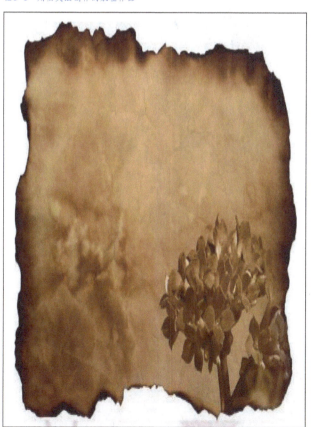

图6-7 用流淌法创作的肌理作品

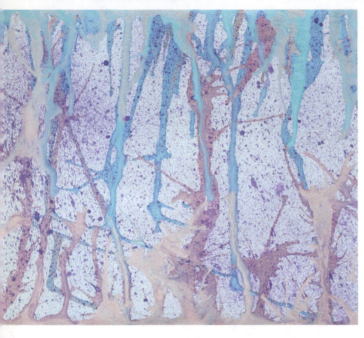

（7）流淌法

流淌法是将颜料滴于纸面上，然后将纸张竖起，改变方向，让颜料自然流淌，形成自然流畅的肌理效果。图6-7是用流淌法创作的作品。

（8）糊画法

在颜料中参入一定的浆糊、立德粉等粉糊后，再用于绘画，它会产生一定的厚度肌理。图6-8是用糊画法创作的作品。

（9）转印法

将颜料在玻璃等光滑的材料上稀释后，用纸覆盖印拓，在揭开时会形成浓淡、厚薄的纹理效果。图6-9是用转印法创作的作品。

（10）撒盐法

撒盐法是湿画法的一种，将水分充足的颜料画在画面上，趁湿时撒入盐或糖，盐在遇湿融化时，会将周围的颜料向四周推，形成湿润淋漓的效果。图6-10是用撒盐法创作的作品。

（11）吹塑纸版画法

在吹塑纸上用牙签或粗铅笔刻划出图形的线形，再涂上所需的颜色后，覆纸印拓，就会形成版画般的肌理效果。图6-11是用吹塑纸版画法创作的作品。

图6-8(a)、(b) 用糊画法创作的肌理作品

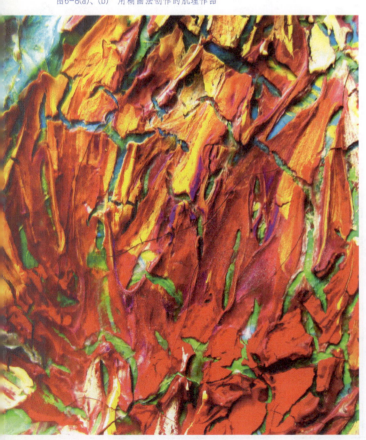

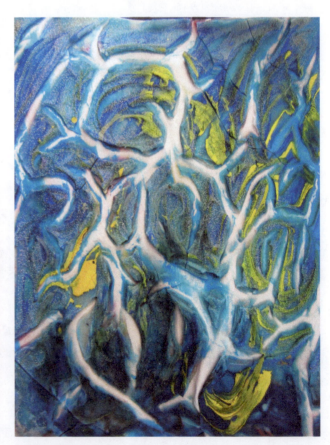

第 6 章 平面构成中的肌理　143

图6-9(a)、(b)　用转印法创作的肌理作品

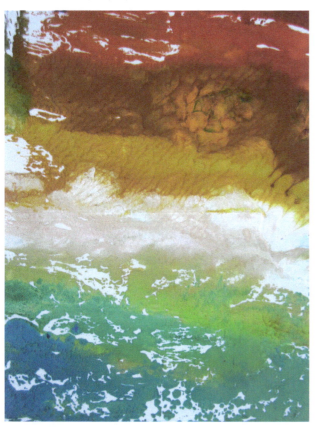

图6-10　用撒盐法创作的肌理作品

图6-11　用吹塑纸版画法创作的肌理作品

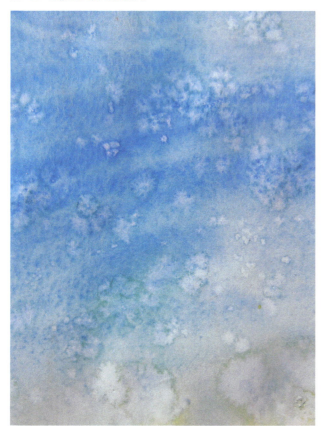
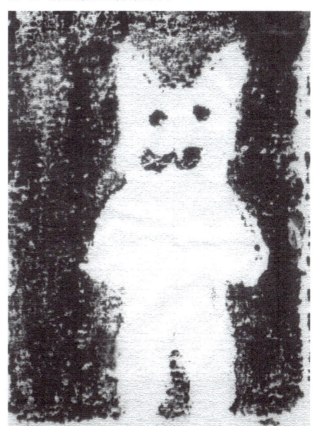

图6-12 用拼贴法创作的肌理作品

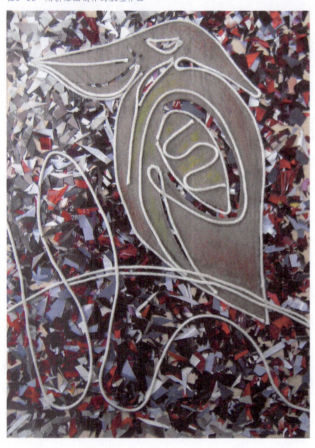

材料肌理的表现技法

（1）拼贴法

拼贴法是将各种手撕、刀刻、剪切的平面材料，规则或不规则地粘贴在纸面上，形成肌理效果。拼贴法作品如图6-12所示。

（2）编织法

编织法是将一定的材料（毛线、彩纸等），按照纺织品中经纬线的编织方法，进行编排，不同的编排方案会形成不同的肌理效果。编织法作品如图6-13所示。

（3）镶嵌法

镶嵌法是将蛋壳、珠子、纽扣、亮片等材料，用双面胶或白乳胶固牢，镶嵌在画面上形成的肌理。镶嵌法作品如图6-14所示。

图6-14(a) 用镶嵌法创作的肌理作品

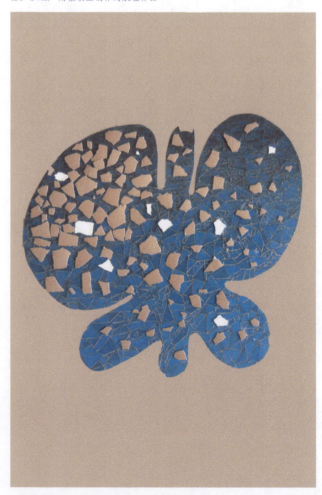

图6-13 用编织法创作的肌理作品

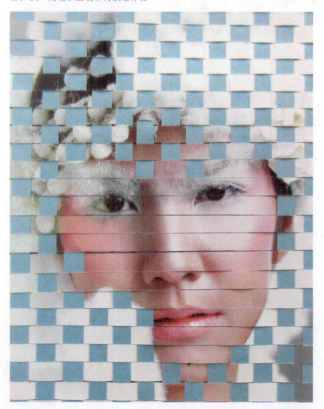

图6-14(b) 用镶嵌法创作的肌理作品

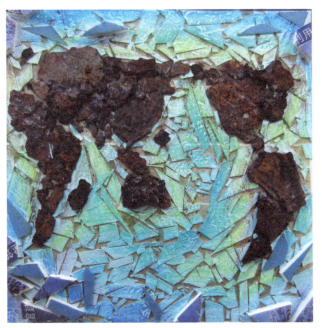

图6-15(a)、(b)、(c) 肌理在设计中的应用

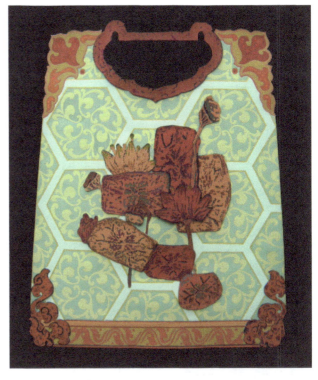

综合肌理在设计中的运用

在设计中,往往不是单一肌理的独自运用,而是应设计的需求,将多种肌理技法综合运用。在肌理的处理使用上,要做到合适、合理,切记走入为了肌理而做肌理的怪圈中,肌理只是设计中的一个元素,而不是设计的全部。图6-15展示了肌理在设计中的应用。

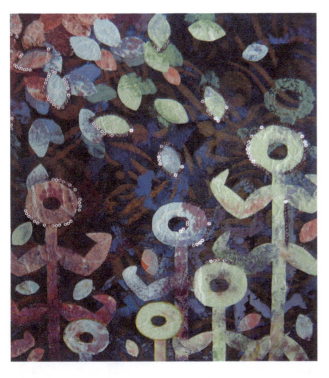

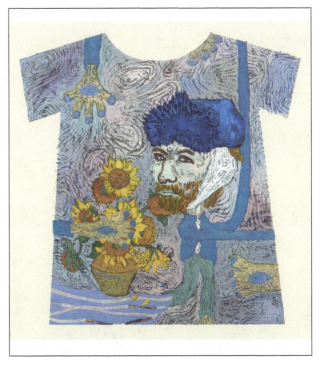

本章设计课题

课题：肌理构成

课题目标

肌理以其极具装饰性的表现形式，越来越受到艺术设计者的青睐。大自然中变幻莫测的肌理形式丰富了我们的视野，促动了我们的美感神经，挑动了我们的创作欲望。肌理课题的目的是以生活中的肌理形式为依据，学习创作肌理形式，感受肌理形式的抽象美，进而学会在设计中灵活地使用肌理。

课题要求

肌理表现形式新颖，装饰感强，材料的使用合理恰当。

课题讲解

很多人将肌理和质感混为一谈，事实上，肌理和质感是有着本质的区别的。肌理只是代表物体表面的纹理；而质感是由物体本身的理化性质决定的，它从里到外都是一样的。因此，肌理构成关注的是装饰于表面的纹理变化形式。在平面构成中，我们可以利用一定的绘画工具、特殊的绘画表现手法以及易于操作的材料，设计出丰富多彩的肌理形式。

课题示范

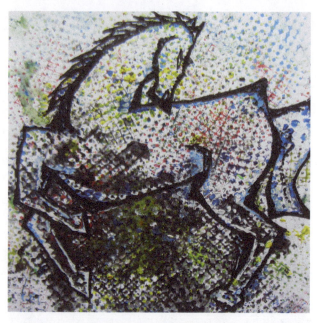

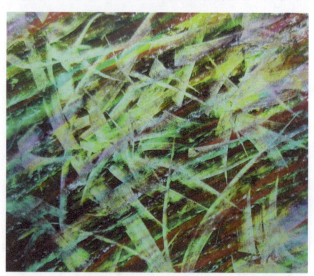

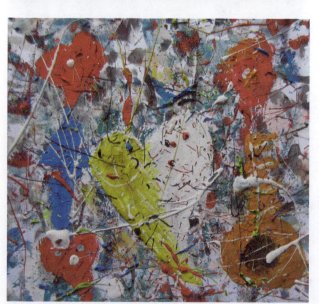

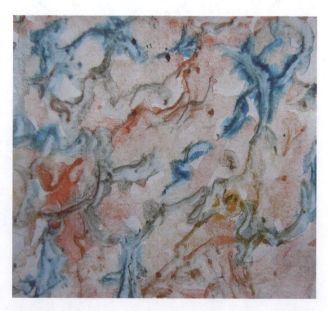

第 6 章 平面构成中的肌理　147

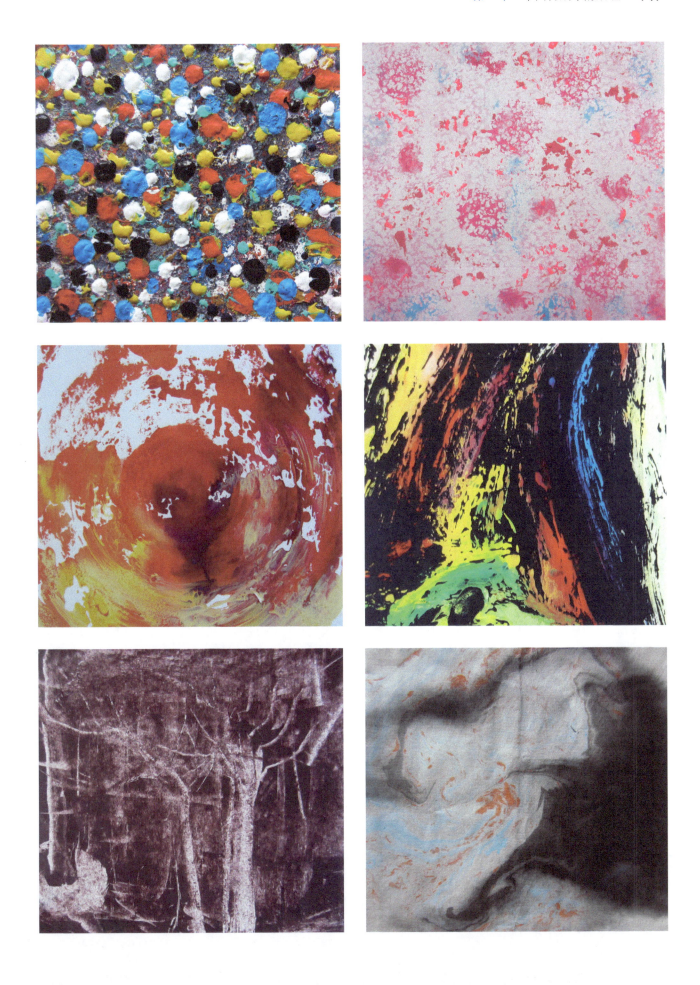

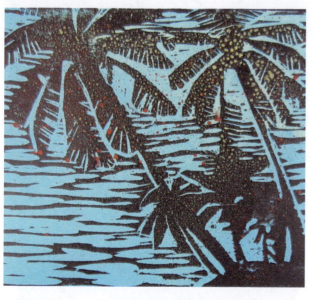
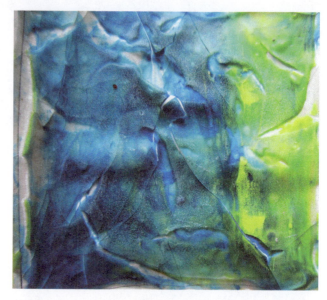
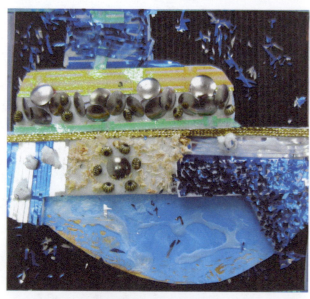
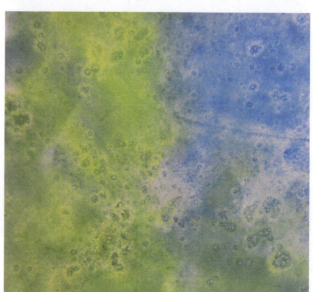
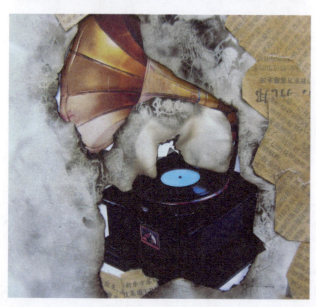
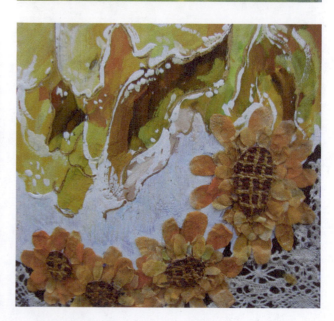

第 6 章　平面构成中的肌理　149

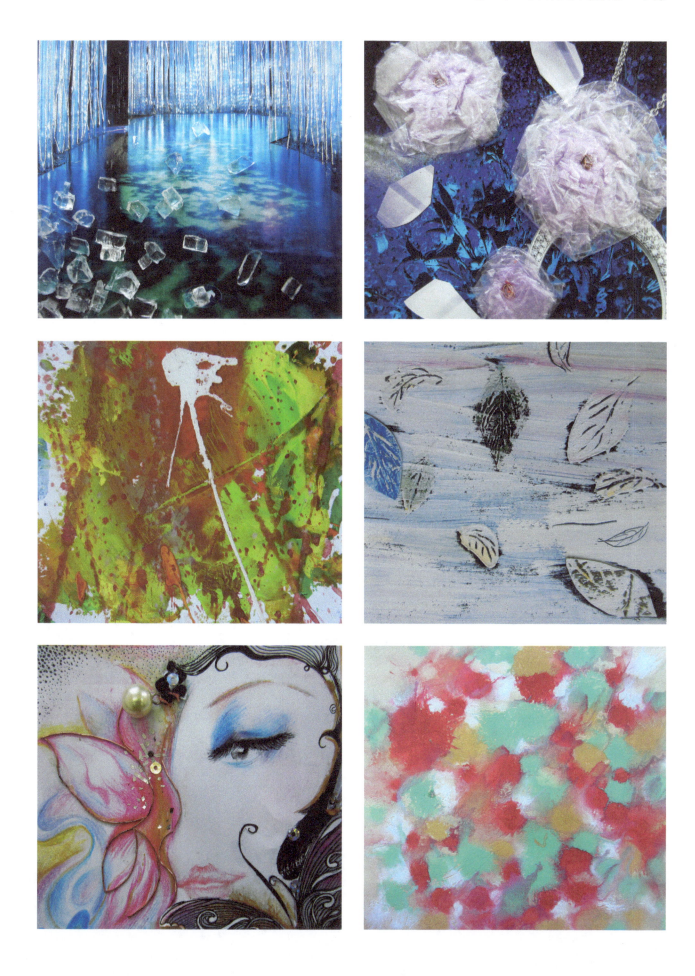

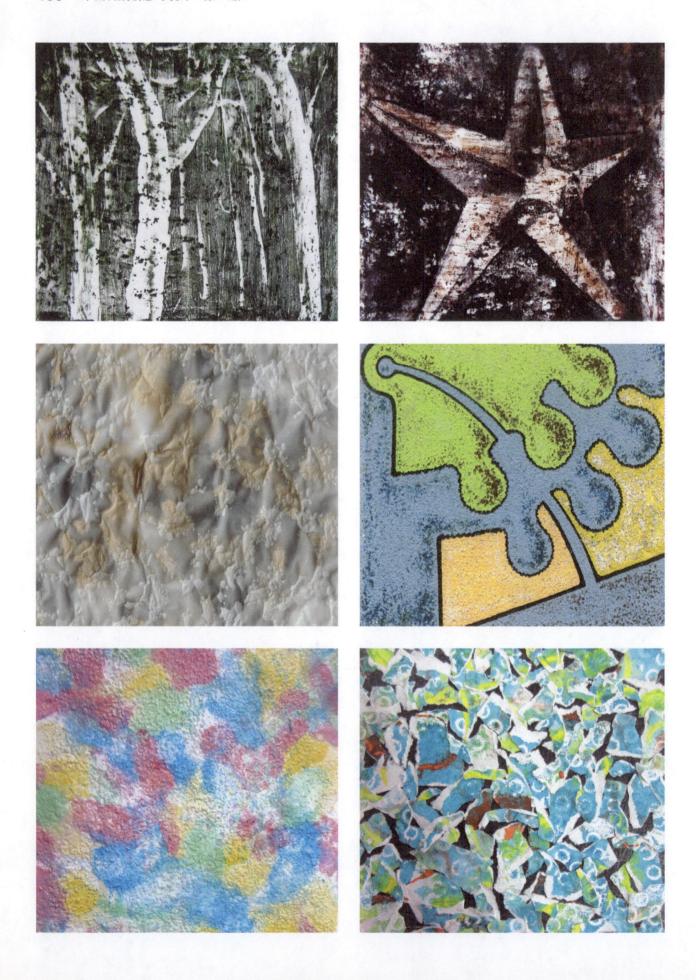

第 6 章　平面构成中的肌理

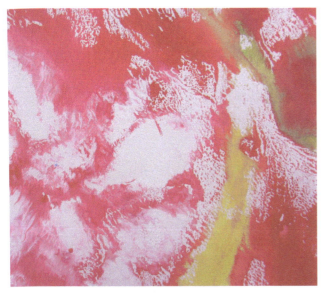
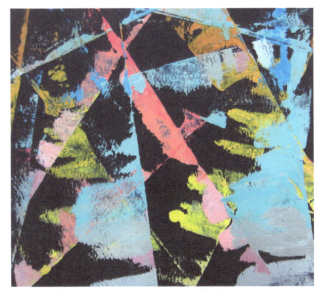
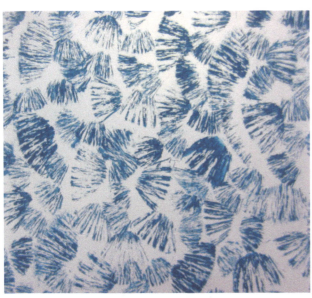
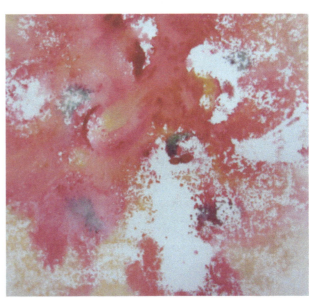
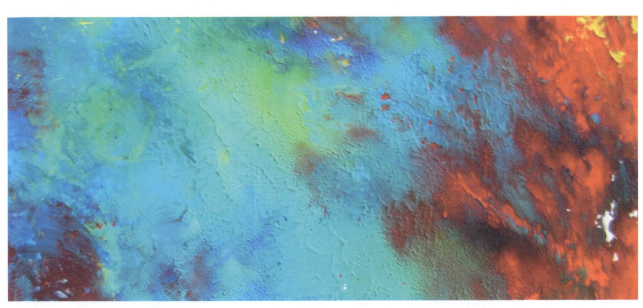

参考文献

[1] 诸葛铠著. 图案设计原理. 南京：江苏美术出版社，1991.

[2] 李颖编著. 基础图案设计. 苏州：苏州大学出版社，2007.

[3] 李颖编著. 装饰图案基础教程. 苏州：苏州大学出版社，2015.

[4] 马正荣编. 贵州苗族蜡染图案. 北京：人民美术出版社，1980.

[5] 周至禹编著. 形式基础. 北京：高等教育出版社，2007.

[6] 诸葛铠，吴小兵，陆叶等编著. 平面设计的空间和秩序. 北京：中国纺织出版社，2002.

[7] 许正立主编. 平面构成. 北京：中国纺织出版社，2010.

[8] 张朋川. 中国彩陶图谱. 北京：文物出版社，1990.

[9] 朱国琴编著. 现代招贴艺术史. 上海：上海书店出版社，2000.

[10] 邬烈炎编著. 装饰语意设计. 南京：江苏美术出版社，2002.

[11] 于平，任凭图文. 赵镇琬主编. 打春牛. 北京：新世界出版社，2008.